군무원

행정직

기출동형 모의고사

KB086301

제 1 회	영 역	국어, 행정법, 행정학
	문항수	75문항
	시 간	75분
	비 고	객관식 4지 택일형

SEOWONGAK
(주)서원각

제1회 기출동형 모의고사

✎ 국어

1. 밑줄 친 부분을 고쳐 쓴 것으로 옳지 않은 것은?

① 이 건물에서는 흡연을 <u>삼가하시오</u>. → 삼가시오
② 학교 담에는 <u>덩굴이</u> 뒤엉켜 있다. → 덩쿨
③ 어제의 기억을 <u>곰곰히</u> 생각해 보았다. → 곰곰이
④ 한국인은 김치를 <u>담궈</u> 먹는다. → 담가

2. 다음 한글 맞춤법 총칙 제1항의 원칙에 따라 다음의 예를 옳게 구분한 것은?

> 한글 맞춤법은 표준어를 소리대로 적되, 어법에 맞도록 함을 원칙으로 한다.

> ㉠ 지붕   ㉡ 의논
> ㉢ 타향살이   ㉣ 오세요
> ㉤ 합격률   ㉥ 붙이다

	'소리대로 적은 원칙'에 따른 예	'어법에 맞도록 한 원칙'에 따른 예
①	㉠㉡㉣	㉢㉤㉥
②	㉠㉡㉤	㉢㉣㉥
③	㉡㉣㉥	㉠㉢㉤
④	㉢㉤㉥	㉠㉡㉣

3. 다음 중 외래어의 표기법이 바른 것은?

① 엘레베이터(elevator)
② 액서서리(accessory)
③ 리포트(report)
④ 로보트(robot)

4. 그 단어의 표기와 발음이 어문 규정상 옳지 않은 것은?

① 웃옷 - [우돋]   ② 윗잇몸 - [위딘몸]
③ 윗변(-邊) - [윋뼌]   ④ 웃돈 - [욷똔]

5. 다음 안내문에서 외래어 표기가 옳지 않은 것은?

> 우리 시는 광복 75주년을 맞아 다음과 같은 문화 행사를 계획하고 있습니다. 시민 여러분의 많은 관심과 참여 바랍니다.
> 1. 행사 기간 : 2020. 8. 9～2020. 8. 15
> 2. 행사 내용
>   가. 아시아 문화 경제 심포지움
>   나. 시민 문화 센터 개관 기념 '해방 전후 사진전'
>   다. 뮤지컬 '안중근, 하얼빈에서 울린 축포' 상연
>   라. 미니 플래카드에 통일 메시지 적어 달기
>   －○○시 시장 ○○○－

① 심포지움   ② 센터
③ 하얼빈   ④ 플래카드

6. 다음 중 복수 표준어에 해당하지 않는 것은?

① 볕을 쬐다/쪼이다
② 나사를 죄다/조이다
③ 벌레가 꼬다/꼬이다
④ 물이 괴다/고이다

7. 다음 밑줄 친 부분의 어휘 사용이 옳은 것은?

① 사막의 날씨는 식물의 <u>성장</u>에 적당하지 못하다.
② 순순히 잘못을 시인하는 그의 태도가 <u>웬지</u> 미심쩍다.
③ 우리의 인생에서 경쟁은 <u>불가결한</u> 것이다.
④ 외삼촌 집에 숙식을 <u>부치기로</u> 하고 나니 마음이 놓인다.

8. 다음 글의 (   )에 들어갈 말로 적절한 것은?

세상 참 많이 변했다. 힐러리 클린턴에게 중국 고사성어를 배울 수 있는 세상이 되었으니, 금년 5월 베이징에서 열린 미·중 제2차 전략경제대화에 참석한 미국 장관들은 함축적이며 품격 있는 고사성어를 인용하며 분위기를 띄웠다. 한·중 외교현장에서도 중국말로 얽힌 일화가 많다. 얼마 전 중국 외교부 부부장은 천안함 사건 처리와 관련해 베이징을 찾은 우리 외교부 차관에게 소동파의 시구를 쓴 액자를 선물하여 자기네들의 속마음을 전하였다. 지난해 12월 중국 공산당 기관지인 인민일보에는 바로 이웃인 한·중 양국이 서로 잘되는 것을 기뻐하기를 기원하며 한·중 관계를 (   )로 비유하는 글이 기고되었다.

① 당랑거철(螳螂拒轍)
② 송무백열(松茂栢悅)
③ 괄목상대(刮目相對)
④ 반의지희(班衣之戱)

9. 한자어 표현을 제대로 이해하지 못한 것은?

① 법(法)에 저촉(抵觸)되다.
   → "법에 걸리다."라는 말이다.
② 식별(識別)이 용이(容易)하다.
   → "눈에 선하다."라는 말이다.
③ 촉수(觸手)를 엄금(嚴禁)하시오.
   → "손대지 마시오."라는 말이다.
④ 장물(臟物)을 은닉(隱匿)하다.
   → "범죄 행위로 부당하게 취득한 남의 물건을 숨기다."라는 말이다.

10. 국어의 역사적인 변화에 대한 설명으로 옳은 것은?

① 15세기 국어의 모음 'ㅐ, ㅔ, ㅚ, ㅟ' 등은 현대 국어로 오면서 소리값(음가)이 바뀌었다.
② 15세기 국어의 주격 조사에는 '가'와 '이'가 있었지만, 점차 '이'가 더 많이 쓰이게 되었다.
③ '어리다'라는 단어의 뜻은 '나이가 적다'에서 현대 국어로 오면서 '현명하지 못하다'로 바뀌었다.
④ 15세기 국어는 방점으로 소리의 장단을 표시하였으나, 그 장단은 점차 소리의 높낮이로 바뀌었다.

11. 다음 글의 괄호 안에 들어갈 문장으로 가장 적절한 것은?

(   ) 사람과 사람이 직접 얼굴을 맞대고 하는 접촉이 라디오나 텔레비전 등의 매체를 통한 접촉보다 결정적인 영향력을 미친다는 것이 일반적인 견해로 알려져 있다. 매체는 어떤 마음의 자세를 준비하게 하는 구실을 하여 나중에 직접 어떤 사람에게서 새 어형을 접했을 때 그것이 텔레비전에서 자주 듣던 것이면 더 쉽게 그쪽으로 마음의 문을 열게 하는 면에서 영향력을 행사하기는 하지만, 새 어형이 전파되는 것은 매체를 통해서보다 상면하는 사람과의 직접적인 접촉에 의해서라는 것이 더 일반화된 견해이다. 사람들은 한 두 사람의 말만 듣고 언어변화에 가담하지는 않는다고 한다. 주위의 여러 사람들이 다 같은 새 어형을 쓸 때 비로소 그것을 받아들이게 된다고 한다. 매체를 통해서보다 자주 접촉하는 사람들을 통해 언어 변화가 진전된다는 사실은 언어 변화의 여러 면을 바로 이해하는 한 핵심적인 내용이라 해도 좋을 것이다.

① 언어 변화는 결국 접촉에 의해 진행되는 현상이다.
② 연령층으로 보면 대개 젊은 층이 언어 변화를 주도한다.
③ 접촉의 형식도 언어 변화에 영향을 미치는 요소로 지적되고 있다.
④ 매체의 발달이 언어 변화에 중요한 영향을 미치는 것으로 알려져 있다.

12. 말하는 이와 듣는 이의 지위에 따른 단어의 쓰임이 바른 문장은?

① 할아버지, 어머니께서 밥 드시래요.
② 참 오랜만이네. 자네 선친께서는 편안하신가?
③ 선생님께서 누추한 우리 집을 몸소 찾아 주셨다.
④ 선생님, 저를 가르치시느라 대단히 수고하셨습니다.

13. 다음 작품이 지닌 특징으로 적절하지 않은 것은?

> 나는 나룻배,
> 당신은 행인.
>
> 당신은 나를 흙발로 짓밟습니다.
> 나는 당신을 안고 물을 건너갑니다.
> 나는 당신을 안으면 깊으나 얕으나 급한 여울이나 건너갑니다.
>
> 만일 당신이 아니 오시면 나는 바람을 쐬고 눈비를 맞으며 밤에서 낮까지 당신을 기다리고 있습니다.
> 당신은 물만 건너면 나를 돌아보지도 않고 가십니다그려.
> 그러나 당신이 언제든지 오실 줄만은 알아요.
> 나는 당신을 기다리면서 날마다 날마다 낡아갑니다.
>
> 나는 나룻배,
> 당신은 행인.
>
>   — 한용운, 나룻배와 행인 —

① 높임법을 활용하여 주제 의식을 강화하고 있다.
② 공감각적 비유로 정서적 분위기를 조성하고 있다.
③ 수미 상관의 방식으로 구조적 완결성을 높이고 있다.
④ 두 제재의 속성과 관계를 통해 주제를 형상화하고 있다.

14. 다음 글의 중심 내용으로 가장 적절한 것은?

> 분노는 공격과 복수의 행동을 유발한다. 분노 감정의 처리에는 '눈에는 눈, 이에는 이'라는 탈리오 법칙이 적용된다. 분노의 감정을 느끼게 되면 상대방에 대해 공격적인 행동을 하고 싶은 충동이 일어난다. 동물의 경우, 분노를 느끼면 이빨을 드러내게 되고 발톱을 세우는 등 공격을 위한 준비 행동을 나타내게 된다. 사람의 경우에도 분노를 느끼면 자율신경계가 활성화되고 눈매가 사나워지며 이를 꽉 깨물고 주먹을 불끈 쥐는 등 공격 행위와 관련된 행동들이 나타나게 된다. 특히 분노 감정이 강하고 상대방이 약할수록 공격 충동은 행동화되는 경향이 있다.

① 공격을 유발하게 되는 원인
② 분노가 야기하는 행동의 변화
③ 탈리오 법칙의 정의와 실제 사례
④ 동물과 인간의 분노 감정의 차이

15. 다음 우화를 서두로 하여 강연을 하려고 한다. 강연의 제목으로 가장 적절한 것은?

> 옛날 어느 마을에 나이가 아주 많은 농부가 살고 있었어요. 죽을 때가 다 되었음을 느낀 농부는 자식들을 한곳에 불러 모았어요.
> "이제부터 내 말을 잘 들어라. 조상 대대로 내려오는 보물이 우리 밭에 숨겨져 있단다. 어디에 묻혀 있는지 정확히 모르지만 부지런히 밭을 파다 보면 반드시 보물을 찾을 수 있을 거다."
> 농부는 이 말을 남기고 세상을 떠났지요. 농부의 자식들은 보물을 찾으려고 열심히 밭을 파기 시작했어요. 하지만 밭을 모두 파헤쳐도 끝내 보물은 나오지 않았답니다. 농부의 자식들은 크게 실망해서 이렇게 말했어요.
> "구석구석 다 파 보아도 보물이 없어. 아버지가 잘못 아셨나 봐. 이왕 파 놓은 밭이니 씨앗이나 뿌리자고."
> 가을이 되자 농부의 자식들은 풍성한 곡식을 거둬들이게 되었지요. 그때서야 아버지가 말한 보물이 무엇을 뜻하는 것이었는지 알게 되었답니다.

① 배울 수 있는 만큼만 가르쳐라
② 가르치는 것도 때가 있다
③ 알려 주는 교육보다 깨닫게 하는 교육을
④ 결과보다 과정을 중시하는 교육을

16. 다음 글에 대한 설명으로 가장 적절한 것은?

> 사회자 : 이번 시간에는 '유명인의 사생활 보장이 국민의 알권리에 우선되어야 하는가?'를 논제로 하여 찬반 양측 토론자 각 두 분씩과 배심원들을 모시고 토론해 보겠습니다.
>
> 사회자 : 먼저 찬성 측 첫 번째 토론자가 자신들의 입장과 그 이유에 대하여 입론해 주십시오.
>
> 찬성 측 토론자 1 : 저희 측에서는 국민의 알권리보다 유명인의 사생활 보호가 우선이라고 생각합니다. 여기서 '유명인'은 말뜻 그대로 사회적으로 널리 알려진 사람을 가리킵니다. 또 '사생활'은 개인의 사적인 생활 영역과 그와 관련된 개인적인 정보 등을 포함하는 개념이며, '알권리'는 국민이 공공의 이익을 위해서 정보를 요구할 수 있는 권리입니다. 여기서 '사생활'은 '개인의 사적인 생활 영역'에 관계되므로, '알권리'의 대상에 해당하지 않습니다. '알권리'란 공공의 문제에 적용되는 개념 아닙니까? 유명인의 사생활은 공적 활동이 아니므로 알권리의 대상에 해당하지 않습니다. 또한 사생활을 보장받을 권리는 한 인간으로서 부여받은 가장 기본적인 권리입니다. 사생활을 보장받을 최소한의 인권은 보장되어야 합니다.
>
> 사회자 : 찬성 측의 입론을 잘 들었습니다. 이어서 반대 측에서 준비해 온 입론을 듣겠습니다.
>
> 반대 측 토론자 1 : 저희는 유명인의 사생활보다 국민의 알권리가 우선이라고 봅니다. 여기서 '유명인'은 그 지명도를 바탕으로 사회에 큰 영향력을 행사하는 사람이고, '사생활'과 '알권리'는 찬성 측의 개념과 같습니다. 우리는 유명인이 유명하다는 것 자체보다도 사회에 큰 영향력을 행사한다는 점에 주목해야 한다고 생각합니다. 유명 정치인의 경우, 그가 사적으로 어떤 말을 하고 행동을 하는지가 정치 활동의 형태로 공공에 영향을 미칠 수 있습니다. 유명 연예인 또한 그의 행동 하나하나가 사회에 큰 영향을 끼치지 않습니까? 그가 감추고 싶은 비밀이라도 공익을 위해 필요하다면 국민들이 알아야 합니다.

① 사회자가 토론자들의 발언 순서를 통제하고 있다.

② 사회자가 논제에 대한 자신의 찬반 여부를 표명하고 있다.

③ 찬성 측과 반대 측 모두 논제에 대한 상대방의 입장을 수용하고 있다.

④ 찬성 측은 입론 단계에서 논제와 관련된 구체적 사례를 제시하고 있다.

---

17. 다음 글의 이해로 적절하지 않은 것은?

> 나무는 덕(德)을 지녔다. 나무는 주어진 분수에 만족할 줄을 안다. 나무로 태어난 것을 탓하지 아니하고, 왜 여기 놓이고 저기 놓이지 않았는가를 말하지 아니한다. 등성이에 서면 햇살이 따사로울까, 골짜기에 내려서면 물이 좋을까 하여, 새로운 자리를 엿보는 일도 없다. 물과 흙과 태양의 아들로, 물과 흙과 태양이 주는 대로 받고, 후박(厚薄)과 불만족(不滿足)을 말하지 아니한다.
>
> — 이양하, '나무' 중에서 —

① 대상에 인격을 부여하고 있다.

② 대상에서 인생의 교훈을 발견하고 있다.

③ 대상의 변화를 감각적으로 묘사하고 있다.

④ 대상을 예찬하는 태도를 취하고 있다.

---

18. 등장인물들의 정서를 고려할 때, ( ) 안에 들어갈 가장 적절한 것은?

> 그는 얼마 전에 살고 있던 전셋집을 옮겼다고 했다. 그래 좀 늘려 갔느냐 했더니 한 동네에 있는 비슷한 집으로 갔단다. 요즘 같은 시절에 줄여 간 게 아니라면 그래도 잘된 게 아니냐 했더니 반응이 신통치를 않았다. 집이 형편없이 낡았다는 것이다. 아무리 낡았다고 해도 설마 무너지기야 하랴 하고 웃자 그도 따라 웃는다. 큰 아파트가 무너졌다는 얘기는 들었어도 그가 살고 있는 단독주택 같은 집이 무너진다는 건 상상하기 힘들었을 테고, 또 ( ) 웃었을 것이다.

① 드디어 자기 처지를 진정으로 이해하기 시작한다고 생각하고

② 낡았다는 것을 무너질 위험이 있다는 뜻으로 엉뚱하게 해석한 데 대해

③ 이 사람이 지금 그걸 위로라고 해 주고 있나 해서

④ 설마 설마 하다가 정말 무너질 수도 있겠구나 하는 생각에

19. 다음 중에서 글의 차례를 옳게 배열한 것은?

(가) 언어는 의사소통의 기능에 따라서 듣고 말하거나 읽고 쓰는 것으로 나뉜다. 이 네 가지 기능은 언어 교육에서 가장 중요한 교육 단위이자 목표가 된다. 그런데 우리가 익히 아는 것처럼 의사소통을 위해서 잘 듣고 이야기하는 능력을 갖추고, 읽고 이해하는 동시에 생각과 판단을 글로 작성해 내는 능력까지 갖추는 것은 결코 쉬운 일이 아니다.

(나) 최고의 방법은 멀리 있지 않다. 영역별로 초점화해서 교육의 중점을 세울 때 통합적 관점에서 한 번 더 고민하면 된다. 그리고 영역별 성취 목표를 분명히 제시하여 학습자가 그날 배운 표현을 사용해서 듣고, 읽으면서 이해하는 동시에 말하고 쓸 수 있게 해 주면 된다.

(다) 교육 차원에서 이들 네 영역에 대한 연구는 모국어는 물론 외국어 교육에서 매우 상세하고 자세하게 논의되어 왔다. 하지만 직접 적용 가능해 보이는 이들 연구의 결과들은 그 상세함과는 상관없이 한국어의 특수성에 맞게 조정될 필요가 있다.

(라) 고려하면 할수록 수업은 정밀해지고 활기차게 된다. 기능 영역에 대한 고민과 성찰은 마법 같은 결과를 가져다 줄 수 있다.

(마) 어휘와 문법에 대한 이해를 바탕으로 하여 상황에 맞게 대화를 이끌어가는 듣기와 말하기, 글을 읽고 판단하고 이해하고 추론하는 읽기 그리고 자신의 생각, 지식, 의도 등을 목적에 맞게 쓰는 능력을 교수학습하는 것은 상세한 계획과 이의 적용 방법이 매우 잘 조직되어야 가능한 것이다.

(바) 사실 이러한 관점에서 이미 영역별로 매우 많은 연구가 진행되어 왔다. 문제는 이들 연구의 성과가 한국어 교실 현장에 즉각적으로 반영되지 않는다는 것에 있다. 앞으로 교실 현장을 이끌어가기 위해서 교사는 기능 영역에 대한 명확한 이해와 함께 가르치는 방법을 잘 이해하고 있어야 한다.

① (가) - (마) - (다) - (바) - (나) - (라)

② (나) - (가) - (다) - (마) - (라) - (바)

③ (가) - (나) - (다) - (라) - (마) - (바)

④ (가) - (마) - (바) - (나) - (다) - (라)

20. 다음의 내용을 서론으로 하여 글을 쓸 때, 본론에 들어갈 내용으로 가장 적절하지 않은 것은?

그 동안 우리의 음악계는 전통 음악의 고유성을 무시한 채 근대화된 서구 사회의 급속한 접목으로 인하여 유입된 '낯선 음악' 위주로 발전해 왔다. 그 결과 우리 전통 음악은 국민들로부터 유리되어 음악계의 한 구석에서 겨우 명맥을 유지하고 있는 실정이다. 음악이 그것을 향수하는 민족의 정서와 정신을 대변한다고 할 때 이러한 음악적 환경하에서 우리의 국민적 정서는 어찌될 것인지 우려되는 바가 매우 크다. 이에 전통 음악의 대중화를 위한 방안이 시급히 요청된다.

① 전통 음악이 소외되게 된 배경

② 서양 음악에 대한 이해 증진

③ 우리나라 음악 교육의 실태

④ 음악에 대한 청소년의 기호

21. 다음 글의 시점에 대한 설명으로 가장 적절한 것은?

파도는 높고 하늘은 흐렸지만 그 속에 솟구막 치면서 흐르는 나의 머릿속을 스치고 지나가는 영상은 푸르고 맑은 희망이었다. 나는 어떻게 누구의 손에 의해서 구원됐는지도 모른다. 병원에서 내 의식이 회복되었을 땐 다만 한 쪽 다리에 관통상을 입었다는 것을 알았을 뿐이다.

① 주인공 '나'가 자신의 체험을 이야기하고 있다.

② 작가가 주인공 '그'에 대해 관찰하여 서술하고 있다.

③ 작가가 제3의 인물 '그'에 대해 자세히 묘사하고 있다.

④ 주인공 '나'가 다른 인물에 대해 관찰하여 서술하고 있다.

22. 다음 글이 주장하고 있는 것은?

제아무리 대원군이 살아 돌아온다 하더라도 더 이상 타 문명의 유입을 막을 길은 없다. 어떤 문명들은 서로 만났을 때 충돌을 면치 못할 것이고, 어떤 것들은 비교적 평화롭게 공존하게 될 것이다. 결코 일반화할 수 있는 문제는 아니겠지만 스스로 아끼지 못한 문명은 외래 문명에 텃밭을 빼앗기고 말 것이라는 예측을 해도 큰 무리는 없을 듯싶다. 내가 당당해야 남을 수용할 수 있다.

영어만 잘하면 성공한다는 믿음에 온 나라가 야단법석이다. 배워서 나쁠 것 없고, 영어는 국제 경쟁력을 키우는 차원에서 반드시 배워야 한다. 하지만 영어보다 더 중요한 것은 우리의 말과 글이다. 한술 더 떠 영어를 공용어로 하자는 주장이 심심찮게 들리고 있다. 그러나 우리의 말과 글을 제대로 세우지 않고 영어를 들여오는 일은 우리 개구리들을 돌보지 않은 채 황소개구리를 들여온 우를 범하는 것과 같다.

영어를 자유롭게 구사하는 일은 새 시대를 살아가는 중요한 조건이다. 하지만 우리의 말과 글을 바로 세우는 일에도 소홀해서는 절대 안 된다. 황소개구리의 황소울음 같은 소리에 익숙해져 청개구리의 소리를 잊어서는 안 되는 것처럼.

① 세계화를 위해서는 세계 여러 나라의 언어를 골고루 받아들여 균형 있게 발전시켜야 한다.
② 우리가 설령 언어를 잃게 되더라도 우리 고유의 문화는 잃지 않도록 최선을 다하는 것이 필요하다.
③ 우리 문화에 대한 자신감이 부족할 경우에는 타문명의 유입을 최대한 막을 수 있도록 노력해야 한다.
④ 국제 경쟁력 강화를 위하여 영어 구사 능력도 필요하지만, 우리의 말과 글을 바로 세우는 일이 더 중요하다.

23. 다음 글에 대한 이해로 적절하지 않은 것은?

한국 건축은 '사이'의 개념을 중요시한다. 그리고 '사이'의 크기는 기능과 사회적 위계에 영향을 받는다. 또한 공간, 시간, 인간 모두를 '사이'의 한 동류로 보기도 한다. 서양의 과학적 사고가 물체를 부분들로 구성되었다고 보고 불변하는 요소들을 분석함으로써 본질 파악을 추구하였다면, 동양은 사이 즉, 요소들 간의 관련성에 초점을 두고, 거기에서 가치와 의미의 원천을 찾았던 것이다. 서양의 건축이 내적 구성, 폐쇄적 조직을 강조한 객체의 형태를 추구했다면, 동양의 건축은 그보다 객체의 형태와 그것이 놓이는 상황 및 자연환경과의 어울림을 통해 미를 추구하였던 것이다.

동양의 목재 가구법(낱낱의 재료를 조립하여 구조물을 만드는 법)에 의한 건축 구성 양식에서 '사이'의 중요성을 알 수 있다. 이 양식은 조적식(돌·벽돌 따위를 쌓아 올리는 건축 방식)보다 환경에 개방적이고, 우기에도 환기를 좋게 할 뿐 아니라 내·외부 공간의 차단을 거부하고 자연과의 대화를 늘 강조한다. 그로 인해 건축이 무대나 액자를 설정하고 자연이 끝을 내 주는 기분을 느끼게 한다.

① 동양과 서양 건축의 차이를 요소들 간의 관련성으로 설명하고 있다.
② 동양의 건축 재료로 석재보다 목재가 많이 쓰인 이유를 알 수 있다.
③ 한국 건축에서 '사이'의 개념은 공간, 시간, 인간 모두를 포함하고 있다.
④ 동양의 건축은 자연환경에 개방적이지만 인공 조형물에 대해서는 폐쇄적이다.

24. 다음 글의 괄호 안에 들어갈 말로 가장 적절한 것은?

우리는 대체로 머리끝에서 발끝까지를 서양식(西洋式)으로 꾸미고 있다. "목은 잘라도 머리털은 못 자른다."라고 하던 구한말(舊韓末)의 비분강개(悲憤慷慨)를 잊은 지 오래다. 외양(外樣)뿐 아니라, 우리가 신봉(信奉)하는 종교(宗敎), 우리가 따르는 사상(思想), 우리가 즐기는 예술(藝術), 이 모든 것이 대체로 서양적(西洋的)인 것이다.

우리가 연구하는 학문(學問) 또한 예외가 아니다. 피와 뼈와 살을 조상(祖上)에게서 물려받았을 뿐, 문화(文化)라고 일컬을 수 있는 거의 모든 것이 서양(西洋)에서 받아들인 것들인 듯싶다. 이러한 현실(現實)을 앞에 놓고서 민족 문화(民族文化)의 전통(傳統)을 찾고 이를 계승(繼承)하고자 한다면, 이것은 편협(偏狹)한 배타주의(排他主義)나 국수주의(國粹主義)로 오인(誤認)되기에 알맞은 이야기가 될 것 같다.

그러면 민족 문화의 전통을 말하는 것이 반드시 보수적(保守的)이라는 멍에를 메어야만 하는 것일까? 이 문제(問題)에 대한 올바른 해답(解答)을 얻기 위해서는, 전통이란 어떤 것이며, 또 (   )를 살펴보아야 할 것이다.

① 전통은 서구 문화와 어떤 관계를 맺고 있는가
② 전통은 어떻게 계승되어 왔는가
③ 전통은 앞으로 어떤 변화를 겪을 것인가
④ 전통은 서구 문화와 어떤 차이가 있는가

25. 다음 중 괄호 안의 한자어가 적절히 사용된 것은?

① <u>가상(假像)</u>현실에서는 실제로 경험할 수 없는 체험을 할 수 있다.
② <u>가시(可示)</u>적인 성과보다는 내실이 중요하다.
③ 그의 작품에는 다양한 인생 <u>편력(遍歷)</u>이 드러나 있다.
④ 그 이야기는 <u>과장(誇長)</u> 없는 사실이다.

✎ 행정법

1. 행정대집행에 대한 설명으로 옳지 <u>않은</u> 것은?

① 판례에 의하면 용도위반 부분을 장례식장으로 사용하는 것을 중지할 것과 이를 불이행할 경우 행정대집행을 하겠다는 내용의 계고처분은 적법하다고 본다.
② 토지나 가옥 등의 인도는 행정대집행의 대상이 되지 않는 것이 원칙이다.
③ 판례에 의하면 상당한 이행기간을 정하여 계고하지 않고 행한 행정대집행은 적법절차에 위반된 위법한 처분으로 본다.
④ 반복된 계고의 경우는 1차 계고가 처분성을 가지며, 2차, 3차의 계고처분은 대집행기한의 연기 통지에 불과하므로 독립한 처분으로 보지 않는다.

2. 「행정조사기본법」에 대한 설명으로 옳은 것은?

① 행정조사에 현장조사, 문서열람, 시료채취, 보고요구, 자료제출요구, 진술요구는 포함되지만 출석요구는 포함되지 않는다.
② 행정조사는 법령 등의 위반에 대한 처벌보다는 법령 등을 준수하도록 유도하는 것에 중점을 두어야 한다.
③ 조세에 관한 사항도 행정조사의 대상에 해당한다.
④ 조사대상자는 행정기관의 장이 승인하지 않는 한 조사원의 교체신청을 할 수 없다.

3. 다음 중 행정행위의 철회가 <u>아닌</u> 것은?

① 허위기재사실에 의한 공무원임용의 취소
② 음주운전으로 인한 운전면허취소
③ 불법영업으로 인한 영업취소
④ 중대한 사정의 변경으로 인한 도로점용허가의 취소

4. 우리나라의 「행정절차법」에 관한 설명으로 옳지 않은 것은?

① 행정청이 행하는 공권력 행사의 절차를 정함으로써 행정의 신속성을 도모하고자 「행정절차법」을 제정하였다.

② 「행정절차법」은 다른 법률에서 달리 규정하지 않는 한 행정청이 행하는 처분절차의 일반적 기준이 된다.

③ 행정절차는 사전적 권리구제로서의 기능을 갖는다.

④ 「행정절차법」에는 처분에 관한 절차적 규정 외에 일부 실체법적 규정도 포함되어 있다.

5. 행정법상 신고에 대한 설명으로 옳지 않은 것은?

① 수리를 요하지 않는 신고의 경우 행정청이 접수를 거부하는 때에도 이는 단순한 사실행위에 불과하므로 이에 대한 다툼은 불필요한 것이다.

② 「체육시설의 설치·이용에 관한 법률」제20조에 의한 신고는 적법하게 요건을 갖추어 신고하였을지라도 도지사의 수리행위가 있어야 유효하다.

③ 수리를 요건으로 하는 신고에 있어서 행정청은 수리의사표시를 한 후에도 적법성의 하자를 이유로 수리취소처분을 할 수 있다.

④ 수리를 요하는 신고란 사인이 행정청에 대하여 일정한 사항을 통지하고 행정청이 이를 수리함으로써 법적 효과가 발생하는 신고를 말하며 실정법상 등록으로 표현되는 경우가 있다.

6. 취소에 대한 판례의 입장으로 옳은 것은?

① 수익적 행정처분의 하자가 당사자의 사실은폐에 의한 신청행위에 기인한 것이라면 행정청이 당사자의 신뢰이익을 고려하지 않고 취소하였다 하더라도 재량권의 남용이 되지 않는다.

② 선행부과처분에 대한 취소소송이 진행중이면 과세관청인 피고로서는 위법한 선행처분을 스스로 취소하거나 그 절차상의 하자를 보완하여 다시 적법한 부과처분을 할 수 없다.

③ 과세관청은 하자를 시정하기 위하여 부과의 취소를 다시 취소함으로써 원부과처분을 소생시킬 수 있다.

④ 법령에 근거가 없어도 직권취소를 할 수 있다는 사정이 있으면, 이해관계인에게 처분청에 대하여 그 취소를 요구할 신청권이 부여된 것으로 볼 수 있다.

7. 신고(申告)의 법적 성질에 대한 판례의 태도로 옳지 않은 것은?

① 건축신고의 반려행위는 항고소송의 대상이 되는 처분이 아니다.

② 의료법상 의원·치과의원 개설 신고의 경우 그 신고필증의 교부행위는 신고 사실의 확인행위에 해당한다.

③ 구 주민등록법상 주민들의 거주지 이동에 따른 주민등록 전입신고에 대하여 시장은 그 수리여부를 심사할 수 있다.

④ 건축법 제14조 제2항에 의한 인·허가의제 효과를 수반하는 건축신고는 행정청이 그 실체적 요건에 관한 심사를 한 후 수리하여야 하는 이른바 수리를 요하는 신고이다.

8. 행정의 행위형식에 관한 설명으로 옳지 않은 것은?

① 급부행정유보설에 따르면 국민의 자유와 재산에 대한 침해행정에 대해서는 법률의 근거가 필요하지 않다고 한다.

② 행정계획이란 행정활동의 일정한 목표를 설정하고 그 목표를 달성하기 위하여 필요한 수단을 선정하고 조정하는 것을 말한다.

③ 「국가를 당사자로 하는 계약에 관한 법률」에 따르면 계약은 상호 대등한 입장에서 당사자의 합의에 따라 체결되어야 하며, 당사자는 계약의 내용을 신의성실의 원칙에 따라 이를 이행하여야 한다.

④ 판례는 단수처분에 대해 「행정소송법」상 처분에 해당하는 것으로 인정하고 있다.

9. 행정소송법상 취소소송의 요건에 대한 설명으로 옳지 않은 것은?

① 처분 등의 취소를 구할 정당한 이익이 있는 자가 취소소송을 제기할 수 있다.

② 제3자효 행정행위의 경우 제3자가 어떠한 경위로든 행정처분이 있음을 안 이상 그 처분이 있음을 안 날로부터 90일 이내에 취소소송을 제기하여야 한다.

③ 취소소송은 처분 등을 대상으로 하나, 재결취소소송의 경우에는 재결 자체에 고유한 위법이 있음을 이유로 하는 경우에 한한다.

④ 처분 등이 있은 뒤에 그 처분 등에 관계되는 권한이 다른 행정청에 승계된 때에는 이를 승계한 행정청을 피고로 한다.

10. 행정정보공개에 관한 판례의 입장으로 옳은 것은?

① 사법시험 제2차 시험의 답안지와 시험문항에 대한 채점위원별 채점 결과는 비공개정보에 해당한다.

② 청주시의회에서 의결한 청주시 행정정보공개조례안은 행정에 대한 주민의 알 권리의 실현을 그 근본내용으로 하면서도 이로 인한 개인의 권익침해 가능성을 배제하고 있으므로, 이를 들어 주민의 권리를 제한하거나 의무를 부과하는 조례라고는 단정할 수 없고 따라서 그 제정에 있어서 반드시 법률의 개별적 위임이 따로 필요한 것은 아니다.

③ 교도관이 직무 중 발생한 사유에 관하여 작성한 근무보고서는 비공개대상정보에 해당한다.

④ 학교폭력대책자치위원회의 회의록은 공개대상정보에 해당한다.

11. 행정계획에 대한 설명으로 옳지 않은 것은? (다툼이 있는 경우 판례에 의함)

① 비구속적인 행정계획은 헌법소원의 대상이 될 수 없다.

② 행정계획은 법률의 형식일 수도 있다.

③ 행정계획을 결정하는 데에는 비록 광범위한 재량이 인정되지만 만일 이익형량의 고려 대상에 포함시켜야 할 중요한 사항을 누락하였다면 그 행정계획은 위법하다.

④ 「행정절차법」은 국민생활에 매우 큰 영향을 주는 사항에 대한 행정계획을 수립·시행하거나 변경하고자 하는 때에는 이를 예고하도록 규정하고 있다.

12. 우리나라의 「행정절차법」이 규정하고 있는 것이 아닌 것은?

① 처분절차

② 행정예고절차

③ 행정계획절차

④ 행정지도절차

13. 다음은 허가에 대해 설명한 것이다. 가장 적절하지 않은 것은? (다툼이 있으면 판례에 의함)

① 일반적으로 행정처분에 효력기간이 정하여져 있는 경우에는 그 기간의 경과로 그 행정처분의 효력은 상실되고, 다만 허가에 붙은 기한이 그 허가된 사업의 성질상 부당하게 짧은 경우에는 이를 그 허가 자체의 존속기간이 아니라 그 허가조건의 존속기간으로 볼 수 있다.

② 허가기간이 연장되기 위하여는 그 종기가 도래하기 전에 그 허가기간의 연장에 관한 신청이 있어야 하며, 만일 그러한 연장신청이 없는 상태에서 허가기간이 만료하였다면 그 허가의 효력은 상실된다.

③ 허가신청이 있은 후 그에 대한 결정이 있기 전에 허가기준을 정한 법령이 개정된 경우에는 처분청은 원칙적으로 개정된 법령을 적용하여야 한다는 것이 판례의 입장이다.

④ 종전의 허가가 기한의 도래로 실효되었다고 하여도 종전 허가의 유효기간이 지나서 기간연장을 신청하였다면 그 신청은 종전 허가의 유효기간을 연장하여 주는 행정처분을 구한 것으로 보아야 한다.

14. 취소소송제도에 대한 설명으로 옳지 않은 것은?

① 원칙적으로 임의적 행정심판전치주의를 취하고 있다.

② 피고는 행정주체가 된다.

③ 집행부정지 원칙을 택하고 있다.

④ 원고의 청구가 이유있다고 인정하는 경우에도 처분 등을 취소하는 것이 현저히 공공복리에 적합하지 아니하다고 인정하는 때에는 법원은 원고의 청구를 기각할 수 있다.

15. 행정벌에 대한 설명으로 옳지 않은 것은? (다툼이 있는 경우 판례에 의함)

① 조세범처벌절차에 의하여 범칙자에 대한 세무관서의 통고처분은 행정소송의 대상이 아니다.

② 구 「대기환경보전법」에 따라 배출허용기준을 초과하는 배출가스를 배출하는 자동차를 운행하는 행위를 처벌하는 규정은 과실범의 경우에 적용하지 아니한다.

③ 행정청은 질서위반행위가 종료된 날(다수인이 질서위반행위에 가담한 경우에는 최종행위가 종료된 날을 말한다)부터 5년이 경과한 경우에는 해당 질서위반행위에 대하여 과태료를 부과할 수 없다.

④ 임시운행허가기간을 벗어난 무등록차량을 운행한 자는 과태료와 별도로 형사 처분의 대상이 된다.

16. 「공공기관의 정보공개에 관한 법률」상 정보공개에 대한 판례의 입장으로 옳지 않은 것은?

① 국가정보원이 그 직원에게 지급하는 현금급여 및 월초수당에 관한 정보는 비공개대상 정보에 해당한다.

② 법무부령으로 제정된 「검찰보존사무규칙」상의 기록의 열람·등사의 제한규정은 구 「공공기관의 정보공개에 관한 법률」 제9조 제1항 제1호의 '다른 법률 또는 법률에 의한 명령에 의하여 비공개사항으로 규정된 경우'에 해당한다.

③ '감사·감독·검사·시험·규제·입찰계약·기술개발·인사관리·의사결정과정 또는 내부검토과정에 있는 사항 등으로서 공개될 경우 업무의 공정한 수행에 현저한 지장을 초래한다고 인정할 만한 상당한 이유가 있는 정보'란 공개될 경우 업무의 공정한 수행이 객관적으로 현저하게 지장을 받을 것이라는 고도의 개연성이 존재하는 경우를 말한다.

④ 비공개대상인 '법인 등의 경영·영업상 비밀'은 「부정경쟁방지 및 영업비밀보호에 관한 법률」 제2조 제2호에 규정된 '영업비밀'에 한하지 않고, '타인에게 알려지지 아니함이 유리한 사업활동에 관한 일체의 정보' 또는 '사업활동에 관한 일체의 비밀사항'을 말한다.

17. 행정조사에 대한 다음 설명 중 옳지 않은 것은?

① 행정조사는 조사를 통해 법령 등의 위반사항을 발견하고 처벌하는 데 중점을 두어야 한다.

② 행정기관은 유사하거나 동일한 사안에 대하여는 공동조사 등을 실시함으로써 행정조사가 중복되지 아니하도록 하여야 한다.

③ 행정조사는 조사목적을 달성하는 데 필요한 최소한의 범위 안에서 실시하여야 한다.

④ 행정기관은 조사목적에 적합하도록 조사대상자를 선정하여 행정조사를 실시하여야 한다.

18. 「행정심판법」상 행정심판에 대한 설명으로 옳지 않은 것은?

① 대통령의 처분 또는 부작위에 대하여는 다른 법률에서 행정심판을 청구할 수 있도록 정한 경우 외에는 행정심판을 청구할 수 없다.

② 행정심판위원회는 심판청구의 대상이 되는 처분 또는 부작위 외의 사항에 대하여도 재결할 수 있다.

③ 행정심판의 결과에 이해관계가 있는 제3자 또는 행정청은 행정심판위원회의 허가를 받아 그 사건에 참가할 수 있다.

④ 무효등확인심판의 경우에는 사정재결이 인정되지 않는다.

19. 통치행위에 대한 설명으로 옳지 않은 것은? (다툼이 있는 경우 판례에 의함)

① 헌법재판소는 대통령의 해외파병 결정은 국방 및 외교와 관련된 고도의 정치적 결단을 요하는 문제로서 헌법과 법률이 정한 절차를 지켜 이루어진 것이 명백한 이상 사법적 기준만으로 이를 심판하는 것은 자제되어야 한다고 판시하였다.

② 비상계엄의 선포와 그 확대행위가 국헌문란의 목적을 달성하기 위하여 행하여진 경우에는 법원은 그 자체가 범죄행위에 해당하는지의 여부에 관하여 심사할 수 있다.

③ 남북정상회담 개최는 고도의 정치적 성격을 지니고 있는 행위로서 사법심사의 대상으로 하는 것은 적절치 못하므로 그 개최 과정에서 당국에 신고하지 아니하거나 승인을 얻지 아니한 채 북한 측에 송금한 행위는 사법심사의 대상이 되지 않는다.

④ 대통령의 긴급재정경제명령은 고도의 정치적 결단에 의하여 발동되는 이른바 통치행위에 속하지만 그것이 국민의 기본권 침해와 직접 관련되는 경우에는 헌법재판소의 심판대상이 된다.

20. 「질서위반행위규제법」의 내용에 대한 설명 중 옳지 않은 것은?

① 과태료 사건은 다른 법령에 특별한 규정이 있는 경우를 제외하고는 과태료를 부과한 행정청의 소재지를 관할하는 행정법원의 관할로 한다.

② 행정청의 과태료 부과에 불복하는 당사자는 과태료 부과 통지를 받은 날부터 60일 이내에 해당 행정청에 서면으로 이의제기를 할 수 있는 바, 이의제기가 있는 경우에는 행정청의 과태료 부과처분은 그 효력을 상실한다.

③ 이의제기를 받은 행정청은 이의제기를 받은 날부터 14일 이내에 이에 대한 의견 및 증빙서류를 첨부하여 관할 법원에 통보하여야 하는 것이 원칙이다.

④ 질서위반행위가 종료된 날부터 5년이 경과한 경우에는 해당 질서위반행위에 대하여 과태료를 부과할 수 없는바, 다수인이 질서위반행위에 가담한 경우에는 질서위반 행위가 종료된 날은 최종행위가 종료된 날을 말한다.

21. 공공기관의 정보공개에 관한 법령의 내용에 대한 설명으로 옳지 않은 것은?

① 정보의 공개 및 우송 등에 소요되는 비용은 실비의 범위에서 청구인이 부담하나, 공개를 청구하는 정보의 사용 목적이 공공복리의 유지·증진을 위하여 필요하다고 인정되는 경우에는 그 비용을 감면할 수 있다.

② 지방자치단체는 그 소관 사무에 관하여 법령의 범위에서 정보공개에 관한 조례를 정할 수 있다.

③ 직무를 수행한 공무원의 성명과 직위는 공개될 경우 개인의 사생활의 비밀 또는 자유를 침해할 우려가 있다면 비공개대상정보에 해당한다.

④ 학술·연구를 위하여 일시적으로 체류하는 외국인은 정보공개청구를 할 수 있다.

22. 행정절차에 대한 판례의 입장으로 옳은 것은?

① 행정청이 침해적 행정처분을 하면서 당사자에게 「행정절차법」상의 사전통지를 하지 않거나 의견제출의 기회를 주지 아니한 경우, 그 처분은 당연무효이다.

② 행정청이 당사자와의 사이에 도시계획사업의 시행과 관련된 협약을 체결하면서 관계 법령 및 「행정절차법」에 규정된 청문의 실시 등 의견청취절차를 배제하는 조항을 둔 경우, 청문의 실시에 관한 규정의 적용이 배제되거나 청문을 실시하지 않아도 되는 예외적인 경우에 해당한다.

③ 행정청이 「식품위생법」상 청문절차를 이행함에 있어 청문서 도달기간을 다소 어겼지만 영업자가 이의하지 아니한 채 청문일에 출석하여 의견을 진술하고 변명하는 등 방어의 기회를 충분히 가진 경우 하자는 치유된 것으로 본다.

④ 「국가공무원법」상 직위해제처분에도 처분의 사전통지 및 의견청취 등에 관한 「행정절차법」의 규정이 별도로 적용된다.

23. 행정상 강제집행에 대한 설명으로 옳은 것은? (다툼이 있는 경우 판례에 의함)

① 법령에 의해 행정대집행의 절차가 인정되는 경우에도 행정청은 따로 민사소송의 방법으로 시설물의 철거를 구할 수 있다.

② 행정대집행을 함에 있어 비상시 또는 위험이 절박한 경우에 당해 행위의 급속한 실시를 요하여 절차를 취할 여유가 없을 때에는 계고 및 대집행영장 통지 절차를 생략할 수 있다.

③ 체납자에 대한 공매통지는 체납자의 법적 지위나 권리·의무에 직접적인 영향을 주는 행정처분에 해당한다.

④ 사망한 건축주에 대하여 「건축법」상 이행강제금이 부과된 경우 그 이행강제금 납부의무는 상속인에게 승계된다.

24. 국가배상에 대한 판례의 입장으로 옳지 않은 것은?

① 국회의원의 입법행위는 그 입법 내용이 헌법의 문언에 명백히 위배됨에도 불구하고 국회가 굳이 당해 입법을 한 것과 같은 특수한 경우가 아닌 한 「국가배상법」 제2조 제1항 소정의 위법행위에 해당된다고 볼 수 없다.

② 일반적으로 공무원이 관계법규를 알지 못하거나 필요한 지식을 갖추지 못하고 법규의 해석을 그르쳐 행정처분을 하였다면 그가 법률전문가가 아닌 행정직 공무원이라고 하여 과실이 없다고는 할 수 없다.

③ 법령의 규정을 따르지 아니한 법관의 재판상 직무행위는 곧바로 「국가배상법」 제2조 제1항에서 규정하고 있는 위법행위가 되어 국가의 손해배상책임이 발생한다.

④ 영업허가취소처분이 행정심판에 의하여 재량권의 일탈을 이유로 취소되었다고 하더라도 그 처분이 당시 시행되던 「공중위생법 시행규칙」에 정해진 행정처분의 기준에 따른 것인 이상 그 영업허가취소처분을 한 행정청 공무원에게 그와 같은 위법한 처분을 한 데 있어 직무집행상의 과실이 있다고 할 수는 없다.

25. 「개인정보 보호법」의 내용으로 옳은 것은?

① 개인정보처리자가 「개인정보 보호법」을 위반한 행위로 손해를 입힌 경우 정보주체는 손해배상을 청구할 수 있는데, 이때 개인정보처리자가 고의·과실이 없음에 대한 입증책임을 진다.

② 개인정보는 살아있는 개인뿐만 아니라 사망자의 성명, 주민등록번호 및 영상 등을 통하여 개인을 알아볼 수 있는 정보도 포함한다.

③ 「개인정보 보호법」의 대상정보의 범위에는 공공기관·법인·단체에 의하여 처리되는 정보가 포함되고, 개인에 의해서 처리되는 정보는 포함되지 않는다.

④ 개인정보처리자는 개인정보가 유출되었음을 알게 되었을 때에는 지체 없이 방송통신위원회 위원장에게 신고하여야 한다.

1. 정책집행에 대한 연구방법 중 상향적 접근방법(bottom-up approach 또는 backwardmapping)에 대한 설명으로 옳지 않은 것은?

① 분명하고 일관된 정책목표의 존재가능성을 부인하고, 정책목표 대신 집행문제의 해결에 논의의 초점을 맞춘다.

② 집행의 성공 또는 실패의 판단기준은 '정책결정권자의 의도에 얼마나 순응하였는가'가 아니라 '일선집행관료의 바람직한 행동이 얼마나 유발되었는가'이다.

③ 말단집행계층부터 차상위계층으로 올라가면서 바람직한 행동과 조직운용절차를 유발하기 위하여 필요한 재량과 자원을 파악한다.

④ 일선집행관료의 재량권을 축소하고 통제를 강화한다.

2. 학습조직을 구현하기 위한 조직관리 기법으로 가장 옳은 것은?

① 정책집행의 합법성을 강조한 책임행정의 확립

② 부분보다 전체를 중시하고 의사소통을 원활하게 하는 공동체 문화의 강조

③ 성과주의를 제고하기 위한 성과급제도의 강화

④ 신상필벌을 강조한 행정윤리의 강화

3. 로위(T. J. Lowi)의 정책분류 중 분배정책과 가장 거리가 먼 것은?

① 수출 특혜 금융

② 지방자치단체에 대한 국가보조금 지급

③ 임대주택의 건설

④ 주택자금의 대출

4. Greiner의 조직성장이론에 대한 설명으로 옳지 않은 것은?

① 제1단계의 조직위기를 극복하기 위해 비공식적 조직설계가 필요하다.

② 제2단계는 조직성장동력을 담당부서의 전문성 발휘에 둔다.

③ 제3단계는 부서의 권한위임을 통해 부서자율성의 위기를 극복하고, 조직의 성장을 추구한다.

④ 제4단계는 분권적 경영위기를 극복하기 위해 효과적 조정기제를 바탕으로 조직의 성장을 추구한다.

5. 성과급제도에 대한 설명으로 옳지 않은 것은?

① 정부부문에서 개발한 조직 차원의 성과급은 이윤분배적 성과급과 생산성향상 성과급으로 구분된다.

② 집단성과급의 핵심 문제는 무임승차자(free rider)들의 발생이다.

③ 추가적 금전지급이 동기유발과 생산성의 향상에 직결되지 않을 수 있는 문제점이 있다.

④ 직무수행의 실적을 보수결정의 기준으로 삼으며 기본보수에 추가하여 지급한다.

6. 직위분류제에 대한 설명으로 옳은 것을 모두 고르면?

⊙ 과학적 관리운동은 직위분류제의 발달에 많은 자극을 주었다.
ⓒ 직무의 종류, 곤란성과 책임도가 상당히 유사한 직위의 군은 직렬이다.
ⓒ 조직 내에서 수평적 이동이 용이하여 유연한 인사행정이 가능하다.
ⓒ 사회적 출신배경에 관계없이 담당 직무의 수행능력과 지식기술을 중시한다.

① ⊙ⓒ
② ⊙ⓒ
③ ⓒⓒ
④ ⓒⓒ

7. 총액인건비제도의 운영 목표와 가장 거리가 먼 것은?

① 민주적 통제의 강화
② 성과와 보상의 연계 강화
③ 자율과 책임의 조화
④ 기관운영의 자율성 제고

8. 신공공관리와 뉴거버넌스의 특징 중 가장 유사성이 높은 것은?

① 관리기구
② 정부역할
③ 관료역할
④ 서비스

9. 조직구조의 모형에 대한 설명으로 바르게 연결된 것은?

⊙ 수평적 조정의 필요성이 낮을 때 효과적인 조직구조로서 규모의 경제를 제고할 수 있다.
ⓒ 자기완결적 기능을 단위로 기능간 조정이 용이하여 환경변화에 대한 대응이 신축적이다.
ⓒ 조직구성원을 핵심 업무과정 중심으로 조직화하는 방식이다.
ⓒ 조직 자체 기능은 핵심역량 위주로 하고 여타 기능은 외부계약관계를 통해서 수행한다.

① ⊙ – 사업구조
② ⓒ – 매트릭스구조
③ ⓒ – 수직구조
④ ⓒ – 네트워크구조

10. 공공재와 행정서비스에 관한 설명으로 적절하지 않은 것은?

① 비배제성과 비경합성으로 인해 무임승차(free-riding)가 발생하기 쉽다.

② 시장실패의 발생 가능성은 정부개입을 합리화하는 정당성을 제공한다.

③ 문화행사와 같이 사회 구성원에게 일정 수준까지 공급되어야 바람직하다고 판단되는 것이다.

④ 공동체를 유지하기 위한 국방은 일반적으로 정부가 공급한다.

11. 조직 내부에서 발생하는 갈등에 대한 설명으로 옳지 않은 것은?

① 갈등은 양립할 수 없는 둘 이상의 목표를 추구하는 상황에서도 발생한다.

② 고전적 조직이론에서는 갈등을 중요하게 고려하지 않는다.

③ 행태론적 입장에서는 모든 갈등이 조직성과에 부정적 영향을 미치므로 제거되어야 한다고 본다.

④ 현대적 접근방식은 갈등을 정상적인 현상으로 보고 경우에 따라서는 조직 발전의 원동력으로 본다.

12. 지식을 암묵지(tacit knowledge)와 형식지(explicit knowledge)로 구분할 경우, 암묵지에 해당하는 것만을 모두 고른 것은?

㉠ 업무매뉴얼	㉡ 조직의 경험
㉢ 숙련된 기능	㉣ 개인적 노하우(know-how)
㉤ 컴퓨터 프로그램	㉥ 정부 보고서

① ㉠, ㉡, ㉢
② ㉡, ㉢, ㉣
③ ㉢, ㉣, ㉤
④ ㉣, ㉤, ㉥

13. 동기부여와 관련된 이론을 내용이론과 과정이론으로 나눠볼 때, 다음 중에서 과정이론에 해당하는 것은?

① 욕구계층이론
② 기대이론
③ 욕구충족요인 이원론
④ 성취동기이론

14. 네트워크 조직의 장점으로 옳은 것은?

① 협력적으로 연계되어 있는 외부기관을 직접 통제하기 용이하다.
② 네트워크 참여자의 기회주의 행위를 방지하기 위한 감시비용이 적게 든다.
③ 통합과 학습을 통해 조직의 경쟁력을 높일 수 있다.
④ 제품과 서비스의 품질관리와 안정적 공급이 가능하다.

15. 전통적으로 정부는 시장실패의 교정수단으로 간주되었으나 수입할당제, 가격통제, 과도한 규제 등 정부의 지나친 개입은 오히려 시장을 악화시킬 수 있다는 주장이 대두되었다. 이러한 정부실패의 요인에 대한 설명으로 옳지 않은 것은?

① 공공조직의 내부성(internality)
② 비경합적이고 비배타적인 성격의 재화
③ 정부개입으로 인해 의도하지 않은 파생적 외부효과
④ 독점적 특혜로 인한 지대추구행위

16. 관료제의 여러 병리현상 중 '과잉동조'에 대한 설명으로 옳은 것은?

① 목표 달성을 위해 마련된 규정이나 절차에 집착함으로써 결국 수단이 목표를 압도해버리는 현상
② 세분화된 특정 업무에서는 전문적인 능력이 있지만 그 밖의 업무에 대해서는 문외한이 되는 현상
③ 다양한 외부 환경의 변화에 둔감하고 조직목표의 혁신에 적극적으로 저항하는 현상
④ 자신이 소속된 기관이나 부서만을 생각하고 다른 기관이나 부서를 배려하지 않는 현상

17. 균형성과표(BSC)의 성과지표에 대한 설명 중 옳지 않은 것은?

① 고객 관점에서의 성과지표에는 고객만족도, 정책순응도, 민원인의 불만율, 신규 고객의 증감 등이 있다.
② 내부 프로세스 관점의 성과지표에는 의사결정 과정의 시민참여, 적법적 절차, 커뮤니케이션 구조 등이 있다.
③ 재무적 관점의 성과지표는 전통적인 선행지표로서 매출, 자본수익률, 예산 대비 차이 등이 있다.
④ 학습과 성장 관점의 성과지표에는 학습동아리 수, 내부제안 건수, 직무만족도 등이 있다.

18. 조직구성원의 인간관에 따른 조직관리와 동기부여에 관한 이론들로서 바르게 설명한 것을 모두 고른 것은?

㉠ 허즈버그의 욕구충족요인 이원론에 의하면, 불만요인을 제거해야 조직원의 만족감을 높이고 동기가 유발된다는 것이다.
㉡ 로크의 목표설정이론에 의하면, 동기유발을 위해서는 구체성이 높고 난이도가 높은 목표가 채택되어야 한다는 것이다.
㉢ 합리적·경제적 인간관은 테일러의 과학적 관리론, 맥그리거의 X이론, 아지리스의 미성숙인 이론의 기반을 이룬다.
㉣ 자아실현적 인간관은 호손실험을 바탕으로 해서 비공식적집단의 중요성을 강조하며, 자율적으로 문제를 해결하도록 한다.

① ㉠㉡㉢㉣
② ㉠㉡㉢
③ ㉠㉡㉣
④ ㉡㉢

19. 다음 설명에 해당하는 공무원 평정제도를 바르게 짝지은 것은?

> ⊙ 고위공무원단제도의 도입에 따라 고위공무원으로서 요구되는 역량을 구비했는지를 사전에 검증하는 제도적 장치로 도입되었다.
> ⓛ 직무분석을 통해 도출된 성과책임을 바탕으로 성과목표를 설정·관리·평가하고, 그 결과를 보수 혹은 처우 등에 적용하는 일련의 과정을 거친다.
> ⓒ 행정서비스에 관한 다방향적 의사전달을 촉진하며 충성심의 방향을 다원화하는 데 기여할 수 있다.
> ⓔ 공무원의 능력, 근무성적 및 태도 등을 평가해 교육훈련 수요를 파악하고, 승진 및 보수결정 등의 인사관리자료를 얻는 데 활용한다.

	⊙	ⓛ	ⓒ	ⓔ
①	역량평가제	직무성과 관리제	다면평가제	근무성적 평정제
②	다면평가제	역량평가제	근무성적 평정제	직무성과 관리제
③	역량평가제	근무성적 평정제	다면평가제	직무성과 관리제
④	다면평가제	직무성과 관리제	역량평가제	근무성적 평정제

20. 외부효과를 교정하기 위한 방법에 대한 설명으로 옳지 않은 것은?

① 교정적 조세(피구세 : Pigouvian tax)는 사회 전체적인 최적의 생산수준에서 발생하는 외부효과의 양에 해당하는 만큼의 조세를 모든 생산물에 대해 부과하는 방법이다.

② 외부효과를 유발하는 기업에게 보조금을 지급하여 사회적으로 최적의 생산량을 생산하도록 유도한다.

③ 코우즈(R. Coase)는 소유권을 명확하게 확립하는 것이 부정적 외부효과를 줄이는 방법이라고 주장했다.

④ 직접적 규제의 활용 사례로는 일정한 양의 오염허가서(pollution permits) 혹은 배출권을 보유하고 있는 경제주체만 오염물질을 배출할 수 있게 허용하는 방식이 있다.

21. 우리나라의 주민 직접 참여 제도에 대한 다음 설명 중 가장 옳지 않은 것은?

① 주민은 해당 지방자치단체의 장에게 조례를 제정·개정하거나 폐지할 것을 청구할 수 있다.

② 지방자치단체의 장은 주민에게 과도한 부담을 주거나 중대한 영향을 미치는 지방자치단체의 주요 결정사항으로서 그 지방자치단체의 조례로 정하는 사항은 주민투표에 부칠 수 있다.

③ 주민은 해당 지방자치단체와 그 장의 권한에 속하는 사무의 처리가 법령에 위반되거나 공익을 현저히 해친다고 인정되면 감사를 청구할 수 있다.

④ 주민은 그 지방자치단체의 장 및 비례대표 지방의회의원을 포함한 지방의회의원을 소환할 권리를 가진다.

22. 리더십이론에 대한 설명으로 옳지 않은 것은?

① 피들러(Fiedler)는 리더의 행태에 따라 권위주의형, 민주형, 자유방임형의 세 가지 유형으로 구분하였다.

② 행태이론은 리더의 자질보다 리더의 행태적 특성이 조직성과에 영향을 미친다고 본다.

③ 허시(Hersey)와 블랜차드(Blanchard)는 부하의 성숙도에 따라 리더의 역할이 달라져야 한다고 주장한다.

④ 하우스(House)의 경로-목표 이론에 의하면 참여적 리더십은 부하들이 구조화되지 않은 과업을 수행할 때 필요하다.

23. 우리나라의 프로그램 예산제도에 대한 설명으로 옳지 않은 것은?

① 세부업무와 단가를 통해 예산금액을 산정하는 상향식 방식을 사용하고 단년도 중심의 예산이다.

② 프로그램은 동일한 정책을 수행하는 단위사업의 묶음이다.

③ 예산 운용의 초점을 투입중심보다는 성과중심에 둔다.

④ '프로그램 - 단위사업 - 세부사업'은 품목별 예산체계의 '항 - 세항 - 세세항'에 해당한다.

24. 다음 이론에 대한 설명 중 옳은 것만을 모두 고르면?

> ㉠ 이익집단론은 정치체제가 잠재이익집단과 중복회원 때문에
> 특수이익에 치우치지 않는다고 주장한다.
> ㉡ 신다원주의론은 자본주의 국가에서는 기업가 집단의 특권적
> 지위가 현실의 정책과정에서 나타난다고 본다.
> ㉢ 하위정부론은 정책분야별로 이익집단, 정당, 해당 관료조직
> 으로 구성된 실질적 정책결정권을 공유하는 네트워크가 존
> 재한다고 주장한다.

① ㉠

② ㉠, ㉡

③ ㉡, ㉢

④ ㉠, ㉡, ㉢

25. 「지방자치법」상 우리나라 지방자치단체에 대한 설명으로 옳지 않은 것은?

① 지방자치단체인 구는 특별시와 광역시의 관할 구역 안의 구만을 말한다.

② 자치구가 아닌 구의 명칭과 구역의 변경은 그 지방자치단체의 조례로 정한다.

③ 주민은 지방자치단체와 그 장의 권한에 속하는 사무의 처리가 법령에 위반되거나 공익을 현저히 해친다고 인정되면 감사를 청구할 수 있다.

④ 주민은 그 지방자치단체의 장뿐만 아니라 지방에 속한 모든 의회의원까지도 소환할 권리를 가진다.

군무원

행정직

기출동형 모의고사

	영 역	국어, 행정법, 행정학
제 2 회	문항수	75문항
	시 간	75분
	비 고	객관식 4지 택일형

제 2 회 **기출동형 모의고사**

국어

1. 밑줄 친 부분의 표준 발음으로 옳지 않은 것은?

① 길을 떠나기 전에 <u>뱃속</u>을 든든하게 채워 두자. - [배쏙]
② 시를 <u>읽다</u> 보면 마음이 편안해진다. - [일따]
③ 외래어를 표기할 때 받침에 '<u>ㄷ</u>'을 쓰지 않는다. - [디그슬]
④ 우리는 <u>금융</u> 위기를 슬기롭게 극복하였다. - [금늉]

2. 띄어쓰기가 바른 것은?

① 그 사고는 여러 가지 규칙을 도외시 하였기 때문이야.
② 사실상 여자 대 남자의 대리전으로 밖에는 보이지 않아.
③ 반드시 거기에 가겠다면 내키는 대로 행동해서는 안 돼.
④ 금연을 한 만큼 네 건강이 어느 정도까지 회복될 지 궁금해.

3. 다음 중 〈보기〉의 설명에 해당되지 않는 단어는?

〈보기〉
접미사는 품사를 바꾸거나 자동사를 타동사로 바꾸는 기능
을 한다.

① 보기   ② 낯섦
③ 낮추다   ④ 꽃답다

4. 다음 내용에 부합하는 사자성어는?

다양한 의견을 지닌 사회의 주체들이 서로 어우러지면서도
개개인의 의견을 굽혀 야합하지 않는 열린 토론의 장을 만들자.

① 동기상구(同氣相求)
② 화이부동(和而不同)
③ 동성이속(同聲異俗)
④ 오월동주(吳越同舟)

5. 로마자 표기법이 옳지 않은 것은?

① 춘천 - Chuncheon
② 밀양 - Millyang
③ 청량리 - Cheongnyangni
④ 예산 - Yesan

6. 밑줄 친 어휘 중 표준어가 아닌 것은?

① 그는 얼금얼금한 얼굴에 <u>콧망울</u>을 벌름거리면서 웃음을
터뜨렸다.
② 그 사람 <u>눈초리</u>가 아래로 축 처진 것이 순하게 생겼어.
③ 무슨 일인지 <u>귓밥</u>이 혹 달아오르면서 목덜미가 저린다.
④ 등산을 하고 났더니 <u>장딴지</u>가 땅긴다.

7. 다음 글을 고쳐 쓰기 위한 생각으로 적절하지 않은 것은?

창의적 사고는 기존의 사고방식을 ㉠<u>돌파하는</u> 데서 출발한
다. 기본적으로 기존의 이론과 법칙을 비판적으로 살펴보고 자
신만의 독창적 아이디어를 만들어 내는 일이 중요하다. ㉡<u>그
러나</u> 이러한 창의적 사고가 단순히 개인의 독특함에서만 비롯
되는 것은 아니다. 더욱 중요한 것은 창의적 사고가 사회적·
문화적 환경과 적절한 교육을 통해 ㉢<u>길러진다</u>. 따라서 ㉣<u>자
신의 창의성을 계발하기 위해 주변의 사물을 비판적이고 새로
운 시각으로 보는 노력을 게을리해서는 안 된다</u>.

① ㉠ : 단어의 쓰임이 어색하므로 '탈피하는'으로 고친다.
② ㉡ : 앞뒤 문장을 자연스럽게 잇지 못하므로 '또한'으로 고
친다.
③ ㉢ : 주술 호응이 되지 않으므로 '길러진다는 점이다'로 고
친다.
④ ㉣ : 주장을 포괄하지 못하므로 '환경과 교육의 중요성'을
강조하는 내용으로 고친다.

8. 다음 중 고유어의 뜻풀이가 옳지 않은 것은?

① 노느매기 : 물건을 여러 몫으로 나누는 일

② 비나리치다 : 갑자기 내린 비를 피하려고 허둥대다.

③ 가리사니 : 사물을 판단할 수 있는 지각이나 실마리

④ 던적스럽다 : 하는 짓이 보기에 매우 치사하고 더러운 데가 있다.

9. 다음 중 괄호 안에 들어갈 말로 가장 적절한 것은?

> '•'가 현대 국어에서 더 이상 사용되지 않고, '믈[水]'이 현대 국어에 와서 '물'로 형태가 바뀌었으며, '어리다'가 '어리석다[愚]'로 쓰이다가 현대 국어에 와서 '나이가 어리다[幼]'의 뜻으로 바뀌어 쓰이는 것 등과 같은 예에서 알 수 있는 언어의 특성을 언어의 (   )이라고 한다.

① 사회성   ② 역사성

③ 자의성   ④ 분절성

10. 훈민정음의 28 자모(字母) 체계에 들지 않는 것은?

① ㆆ   ② ㅿ

③ ㅠ   ④ ㅸ

11. 다음 시에 대한 설명으로 적절하지 않은 것은?

> 老主人의 腸壁에
> 無時로 忍冬 삼긴 물이 나린다.
>
> 자작나무 덩그럭 불이
> 도로 피여 붉고,
>
> 구석에 그늘 지여
> 무가 순 돋아 파릇하고,
>
> 흙냄새 훈훈히 김도 사리다가
> 바깥 風雪 소리에 잠착하다.
>
> 山中에 冊曆도 없이
> 三冬이 하이얗다.
>
> — 정지용, 「忍冬茶」—

① 산중의 고적한 공간이 배경이다.

② 시각적 대조의 방법이 사용되었다.

③ 한 폭의 그림과 같은 인상을 준다.

④ '잠착하다'는 '여러모로 고려하다'의 의미다.

12. 다음 〈보기〉의 속담과 가장 관련이 깊은 말은?

> 〈보기〉
> ㉠ 가물에 도랑 친다
> ㉡ 까마귀 미역 감듯

① 헛수고   ② 분주함

③ 성급함   ④ 뒷고생

13. 문맥에 따른 배열로 가장 적절한 것은?

> ㈎ 그러나 사람들은 소유에서 오는 행복은 소중히 여기면서 정신적 창조와 인격적 성장에서 오는 행복은 모르고 사는 경우가 많다.
> ㈏ 소유에서 오는 행복은 낮은 차원의 것이지만 성장과 창조적 활동에서 얻는 행복은 비교할 수 없이 고상한 것이다.
> ㈐ 부자가 되어야 행복해진다고 생각하는 사람은 스스로 부자라고 만족할 때까지는 행복해지지 못한다.
> ㈑ 하지만 최소한의 경제적 여건에 자족하면서 정신적 창조와 인격적 성장을 꾀하는 사람은 얼마든지 차원 높은 행복을 누릴 수 있다.
> ㈒ 자기보다 더 큰 부자가 있다고 생각될 때는 여전히 불만과 불행에 사로잡히기 때문이다.

① ㈏ − ㈑ − ㈎ − ㈐ − ㈒

② ㈏ − ㈎ − ㈒ − ㈑ − ㈐

③ ㈐ − ㈒ − ㈑ − ㈏ − ㈎

④ ㈐ − ㈑ − ㈒ − ㈎ − ㈏

14. 〈보기〉에 이어질 내용으로 가장 적절한 것은?

〈보기〉

조선시대 임꺽정에 관한 모든 기록은 그를 의적이 아니라 도둑으로 기록하고 있다. 『명종실록』은 물론 박동량의 『기제잡기』, 이익의 『성호사설』, 안정복의 『열조통기』, 이덕무의 『청장관전서』 등 임꺽정에 대해 언급한 모든 기록들에서 그는 도둑이다. 물론 이런 기록들은 모두 양반 계급이 서술한 것으로서 백정 출신인 그의 행위를 지지할 리 만무하다는 점은 감안해야할 것이다.

그렇다면 홍명희는 왜 소설 『임꺽정』에서 그를 의적으로 그렸을까? 그 근거는 앞서 인용한 『명종실록』 사관의 "도적이 성행하는 것은 수령의 가렴주구 탓이며, 수령의 가렴주구는 재상이 청렴하지 못한 탓"이라는 분석 및 "윤원형과 심통원은 외척의 명문거족으로 물욕을 한없이 부려 백성의 이익을 빼앗는 데에 못하는 짓이 없었으니, 대도(大盜)가 조정에 도사리고 있는 셈이라"는 기술에서 찾을 수 있다.

① 임꺽정이 의적인지 도적인지 더 철저한 문헌 조사가 필요하다.

② 홍명희가 임꺽정을 지나치게 미화했던 것이다.

③ 도둑이든 의적이든 임꺽정이 실존 인물이라는 것은 틀림없다.

④ 가렴주구에 시달리던 백성들은 임꺽정을 의적으로 상상했을 것이다.

15. ㉠~㉣의 예를 추가할 때 가장 적절한 것은?

논리학에서 비형식적 오류 유형에는 우연의 오류, 애매어의 오류, 결합의 오류, 분해의 오류 등이 있다.

우선 ㉠우연의 오류란 거의 대부분의 경우에 적용되는 일반적인 원리나 규칙을 우연적인 상황으로 인해 생긴 예외적인 특수한 경우에까지도 무차별적으로 적용할 때 생기는 오류이다. 그 예로 "인간은 이성적인 동물이다. 중증 정신 질환자는 인간이다. 그러므로 중증 정신 질환자는 이성적인 동물이다."를 들 수 있다. ㉡애매어의 오류는 동일한 한 단어가 한 논증에서 맥락마다 서로 다른 의미를 지니는 것으로 사용될 때 생기는 오류를 말한다. "김 씨는 성격이 직선적이다. 직선적인 모든 것들은 길이를 지닌다. 고로 김 씨의 성격은 길이를 지닌다."가 그 예이다. 한편 각각의 원소들이 개별적으로 어떤 성질을 지니고 있다는 내용의 전제로부터 그 원소들을 결합한 집합 전체도 역시 그 성질을 지니고 있다는 결론을 도출하는 경우가 ㉢결합의 오류이고, 반대로 집합이 어떤 성질을 지니고 있다는 내용의 전제로부터 그 집합의 각각의 원소들 역시 개별적으로 그 성질을 지니고 있다는 결론을 도출하는 경우가 ㉣분해의 오류이다. 전자의 예로는 "그 연극단 단원들 하나하나가 다 훌륭하다. 고로 그 연극단은 훌륭하다."를, 후자의 예로는 "그 연극단은 일류급이다. 박 씨는 그 연극단 일원이다. 그러므로 박 씨는 일류급이다."를 들 수 있다.

① ㉠ – 모든 사람은 죽는다. 소크라테스는 사람이다. 그러므로 소크라테스는 죽는다.

② ㉡ – 부패하기 쉬운 것들은 냉동 보관해야 한다. 세상은 부패하기 쉽다. 고로 세상은 냉동 보관해야 한다.

③ ㉢ – 미국 아이스하키 선수단이 이번 올림픽에서 금메달을 차지했다. 그러므로 미국 선수 각자는 세계 최고 기량을 갖고 있다.

④ ㉣ – 그 학생의 논술 시험 답안은 탁월하다. 그의 답안에 있는 문장 하나하나가 탁월하기 때문이다.

16. 다음 글에서 알 수 없는 것은?

되새김 동물인 무스(moose)의 경우, 위에서 음식물이 잘 소화되게 하려면 움직여서는 안 된다. 무스의 위는 네 개의 방으로 나누어져 있는데, 위에서 나뭇잎, 풀줄기, 잡초 같은 섬유질이 많은 먹이를 소화하려면 꼼짝 않고 한곳에 가만히 있어야 하는 것이다. 한편, 미국 남서부의 사막 지대에 사는 갈퀴발도마뱀은 모래 위로 눈만 빼꼼 내놓고 몇 시간 동안이나 움직이지 않는다. 그렇게 있으면 따뜻한 모래가 도마뱀의 기운을 북돋아 준다. 곤충이 지나가면 도마뱀이 모래에서 나가 잡아먹을 수 있도록 에너지를 충전해 주는 것이다. 반대로 갈퀴발도마뱀의 포식자인 뱀이 다가오면, 그 도마뱀은 사냥할 기운을 얻기 위해 움직이지 않았을 때의 경험을 되살려 호흡과 심장 박동을 일시적으로 멈추고 죽은 시늉을 한다. 갈퀴발도마뱀은 모래 속에 몸을 묻고 움직이지 않기 때문에 수분의 손실을 줄이고 사막 짐승들의 끊임없는 위협에서 벗어날 수 있는 것이다.

① 무스가 움직이지 않는 것은 생존을 위한 선택이다.
② 무스는 소화를 잘 시키기 위해 식물을 가려먹는 습성을 가지고 있다.
③ 갈퀴발도마뱀은 움직이지 않는 방식으로 먹이를 구한다.
④ 갈퀴발도마뱀은 모래 속에 몸을 묻을 때 생존 확률을 높일 수 있다.

17. 〈보기〉에 대한 설명으로 가장 옳은 것은?

〈보기〉

내가 어렸을 때만 하더라도 미국의 어린이들은 원래 북아메리카에는 100만 명가량의 인디언밖에 없었다고 배웠다. 이렇게 적은 수라면 거의 빈 대륙이라고 할 수 있으므로 백인들의 정복을 정당화하는 데 유용했다. 그러나 고고학적인 발굴과 미국의 해안 지방을 처음 밟은 유럽인 탐험가들의 기록을 자세히 검토한 결과 인디언들이 처음에는 약 2000만 명에 달했다는 것을 알게 되었다. 신세계 전체를 놓고 보았을 때 콜럼버스가 도착한 이후 한두 세기에 걸쳐 인디언의 인구는 최대 95%가 감소했을 것으로 추정된다.

인디언들이 죽은 주된 요인은 구세계의 병원균이었다. 인디언들은 그런 질병에 노출된 적이 없었으므로 면역성이나 유전적인 저항력이 전혀 없었다. 살인적인 질병의 1위 자리를 놓고 다투었던 것은 천연두, 홍역, 인플루엔자, 발진티푸스 등이었고, 그것으로도 충분하지 않다는 듯 디프테리아, 말라리아, 볼거리, 백일해, 페스트, 결핵, 황열병 등이 그 뒤를 바싹 따랐다. 병원균이 보인 파괴력을 백인들이 직접 목격한 경우도 헤아릴 수 없이 많았다. 1837년 대평원에서 가장 정교한 문화를 가지고 있던 만단족 인디언들은 세인트루이스에서 미주리 강을 타고 거슬러 올라온 한 척의 증기선 때문에 천연두에 걸렸다. 만단족의 한 마을은 몇 주 사이에 인구 2000명에서 40명으로 곤두박질쳤다.

— 재레드 다이아몬드, 『총·균·쇠』 중에서

① 유럽은 신세계였고, 아메리카는 구세계였다.
② 인디언들은 구세계의 병원균에 대한 면역성이 없었다.
③ 만단족 인디언들의 인구 감소는 백인들의 무기 때문이었다.
④ 콜럼버스 이전에 북아메리카에는 100만 명가량의 인디언이 있었다.

18. 다음은 은유에 대한 아리스토텔레스의 정의이다. 이에 알맞은 예는?

> 아리스토텔레스는 '시학'에서 은유를 한 사물에서 다른 사물로 전이하는 것으로 정의하고, 은유에 의해 시적인 언어가 일상 언어로부터 분리된다고 하였다. 이후 은유는 여러 학자들에 의해 미적 혹은 수사적 목적의 수단으로, 동일시되는 개체와의 유사성에 기초한다고 정리되었다.

> 아테네에서 자동차를 타고 180여 킬로미터(km)의 산길을 꼬박 세 시간 동안 달렸다. 티바와 리바디아를 지나자 파르나소스 산(해발 2457 m)이 나타난다. 델피가 있는 곳이다. ㉠험준한 바위 벼랑에 동굴들이 보이고, 나무도 없이 군데군데 피어 있는 야생화만이 ㉡어딘가에서 피어오르는 듯한 세월의 깊이를 보여 준다. 6월인데도 산 정상에 남아 있는 흰 눈은 지나가는 흰 구름의 다리를 잡은 채, 서로 서로 옛이야기와 아테네의 최신 정보를 교환하고 있는 듯하다. 산 중턱에 걸려 있는 안개는 어딘지 신성한 기운을 느끼게 해 준다. 이름 모를 새들이 둥지를 틀고 지저귄다. 이제는 사라져버린 ㉢신탁의 소리를 대신하기라도 하는 듯한 새소리가 델피 산기슭을 떠다닌다.
>
> … (중략) …
>
> 고대 그리스 세계에서 델피, ㉣그곳은 세상의 배꼽이었다. 천국과 지상이 만나는 곳이고, 성과 속, 현실과 신화가 넘나드는 곳이었다. 델피 입구에는 옴파로스의 돌 모형이 놓여 있다. 아폴로 신은 세상의 중심을 잡기 위해 두 마리의 독수리를 각각 반대 방향으로 날려 보냈다. 독수리들은 끝없는 창공을 날고 날아서 델피의 옴파로스에서 기진맥진한 상태로 다시 만났다. 둥근 지구를 돌아온 것이다.

① ㉠   ② ㉡
③ ㉢   ④ ㉣

19. 다음 시조들 중 창작 의도가 나머지 셋과 다른 하나는?

> ㈎ 청산은 어이하여 만고에 푸르르며 / 유수는 어찌하여 주야에 긋지 아니는고 / 우리도 그치지 말고 만고상청 하리라
>
> ㈏ 어버이 사라신 제 셤길일란 다 하여라. / 디나간 후면 애닯다 엇디 하리 / 평생에 곳텨 못할 일이 잇뿐인가 하노라.
>
> ㈐ 노래 삼긴 사람 시름도 하도 할샤 / 일러 다 못 일러 불러나 푸돗던가 / 진실로 풀릴 것이면은 나도 불러 보리라.
>
> ㈑ 내해 죠타 하고 남 슬흔 일 하지 말며 / 남이 한다 하고 義 아니면 좇지 말니 / 우리는 天性을 직희여 삼긴 대로 하리라.

① ㈎   ② ㈏
③ ㈐   ④ ㈑

20. 다음 글의 (   ) 안에 들어갈 적절한 문장은?

> 이십 세기 한국의 지성인의 지적 행위는 그들이 비록 한국인이라는 동양의 인종의 피를 받고 있음에도 불구하고 대체적으로 서양이 동양을 해석하는 그러한 틀 속에서 이루어졌다. 그러나 그 역방향 즉 동양이 서양을 해석하는 행위는 실제적으로 부재해 왔다. 이러한 부재 현상의 근본 원인은 매우 단순한 사실에 기초한다. 동양이 서양을 해석한다고 할 때에 그 해석학적 행위의 주체는 동양이어야만 한다. 동양은 동양이다라는 토톨러지(tautology)나 동양은 동양이어야 한다라는 당위 명제가 성립하기 위해서는 (   ). 우리는 동양을 너무도 몰랐다. 동양이 왜 동양인지, 왜 동양이 되어야만 하는지 아무도 대답을 할 수가 없었다. 동양은 버려야 할 그 무엇으로서만 존재 의미를 지녔다. 즉, 서양의 해석이 부재한 것이 아니라 서양을 해석할 동양이 부재했다.
>
>   — 김용옥, 동양학 어떻게 할 것인가 —

① 동양인인 나는 동양을 알아야 한다.
② 우선 동양인은 서양을 알아야 한다.
③ 동양인은 동양인다워야 한다.
④ 서양인은 동양인을 인정해야만 한다.

21. 다음 글의 내용과 부합하지 않는 것은?

김정호는 조선 후기에 발달했던 군현지도, 방안지도, 목판지도, 칠첩식지도, 휴대용지도 등의 성과를 독자적으로 종합하고, 각각의 장점을 취하여 대동여지도를 만들었다. 대동여지도의 가장 뛰어난 점은 조선 후기에 발달했던 대축척지도의 두 계열, 즉 정상기의 동국지도 이후 민간에서 활발하게 전사되었던 전국지도·도별지도와 국가와 관아가 중심이 되어 제작했던 상세한 군현지도를 결합하여 군현지도 수준의 상세한 내용을 겸비한 일목요연한 대축척 전국지도를 만든 것이다.

대동여지도가 많은 사람에게 애호를 받았던 가장 큰 이유는 목판본 지도이기 때문에 일반에게 널리 보급될 수 있었으며, 개인적으로 소장, 휴대, 열람하기에 편리한 데에 있었다. 국가적 차원에서는 18세기에 상세한 지도가 만들어졌다. 그러나 그 지도는 일반인들은 볼 수도, 이용할 수도 없는 지도였다. 김정호는 정밀한 지도의 보급이라는 사회적 욕구와 변화를 인식하고 그것을 실현하였던 측면에서 더욱 빛을 발한다. 그러나 흔히 생각하듯이 아무런 기반이 없는 데에서 혼자의 독자적인 노력으로 대동여지도와 같은 훌륭한 지도를 만들었던 것은 아니다. 비변사와 규장각 등에 소장된 이전 시기에 작성된 수많은 지도들을 검토하고 종합한 결과인 것이다.

① 대동여지도는 일반 대중이 보기 쉽고 가지고 다니기 편하게 만들었다.
② 대동여지도가 만들어진 토대에는 이전 시기에 만들어진 갖가지 지도가 있었다.
③ 대동여지도는 목판본으로 만들어진 지도여서 다량으로 제작, 배포될 수 있었다.
④ 대동여지도는 정밀한 지도 제작이라는 국가 과제를 김정호가 충실히 수행해 만들었다.

22. 밑줄 친 부분을 바르게 고쳐 쓴 것으로 가장 적절한 것은?

결국 해결책은 새로운 일자리를 만들어 내는 데 달려 있다. 정부와 기업들이 머리를 싸매고 효율적인 방안을 마련해야 한다.

① 해결책은 새로운 일자리를 만들어 내는 것이다.
② 해결책은 새로운 일자리를 만들어 내는지 여부이다.
③ 해결책은 새로운 일자리를 만들어 내느냐이다.
④ 해결책은 새로운 일자리를 만들어 내느냐에 달려 있다.

23. 신경숙의 '엄마를 부탁해'를 읽고 쓴 비평이다. 문학 이해의 방법 중 가장 가까운 것은?

상실의 시대, 모태 회귀 본능은 각박한 현실에 안주하지 못하는 결핍의 현대인들의 동경의 세계를 표현하였다. 이 책은 불행해진 현대사회의 가족에서, 현대사회에 방점을 찍고 현대사회 이전의 가족 형태로의 향수를 일으켰다.

① 반영론적 관점
② 효용론적 관점
③ 표현론적 관점
④ 구조론적 관점

24. 다음 밑줄 친 부분에 등장하는 '화살'과 '시위'의 비유 대상으로 가장 적절한 것은?

그때 성을 완전히 점령한 여러 장수들이 달려와 조조에게 성 안으로 들기를 청했다. 조조가 막 성 안으로 들어가는데 창칼을 든 군사들이 한 사람을 에워싸고 끌어왔다. 조조가 보니 바로 진림이었다. 전에 원소 아래에서 조조를 꾸짖는 저 유명한 격문을 쓴 적이 있어 그 죄를 크게 본 군사들이 특히 사로잡아 끌고 오는 길이었다. "그대는 전에 격문을 쓰면서 나의 죄만을 따질 것이지 어찌하여 내 아버지와 할아버지에게까지 욕이 미치게 했는가?" 조조가 짐짓 매서운 얼굴로 물었다. 진림이 태연하게 대답했다. "화살은 시위에 올려진 이상 날아가지 않을 수 없는 법입니다." 진림의 그 같은 대답에 조조를 둘러싸고 있던 장수들이 먼저 술렁거렸다. "저 자는 원소를 위해 승상의 조상까지 욕한 자입니다. 죽여서 본보기를 삼아야 합니다." 장수들이 입을 모아 그렇게 권했다. 그러나 조조는 진림의 글재주가 아까웠다. 잠깐 생각하다 조용히 물었다. "나는 너와 너의 글을 이번에는 내 활시위에 얹으려 한다. 원소를 위해 했던 것처럼 나를 위해서도 날카로운 화살이 되어 주겠느냐?", "승상께서 써 주신다면 재주를 다해 받들 뿐입니다." 그렇게 대답하니 조조는 그를 용서하고 종사로 삼았다.

〈화살〉 － 〈시위〉
① 격문 － 재주
② 원소 － 진림
③ 목표 － 상황
④ 진림 － 원소

25. 다음 글의 (   )에 들어갈 어구로 적절한 것은?

> 밤낮 사흘을 지키고 앉았던 어머니는 아이가 운명하는 것을 보고 애 아버지를 부르러 집에 다녀왔다. 그 동안에 죽은 애는 사망실로 옮겨가 있었다. 부모는 간호부더러 사망실을 알려 달라고 했다.
>
> "사망실은 쇠 다 채우고 아무도 없으니까 가보실 필요가 없어요."하고 간호부는 톡 쏘아 말한다. 퍽 싫증나는 듯한 목소리였다.
>
> "아니, 그 애를 혼자 두고 방에 쇠를 채워요?"하고 묻는 어머니의 목소리는 떨렸다.
>
> "죽은 애 혼자 두면 어때요?"하고 다시 톡 쏘는 간호부의 말소리는 얼음같이 싸늘했다.
>
> 이야기는 간단히 이것이다. 그러나 나는 그때 몸서리쳐짐을 금할 수가 없었다.
>
> "죽은 애를 혼자 둔들 뭐가 그리 잘못이겠는가!"
>
> 사실인즉 그렇다. 그러나 그것을 염려하는 어머니의 심정! 이 숭고한 감정에 동조할 줄 모르는 간호부가 나는 미웠다. 그렇게까지도 간호부는 기계화되었는가?
>
> 나는 (   ) 더 사랑한다. 과학상으로 볼 때 죽은 애를 혼자 두는 것이 조금도 틀릴 것이 없다. 그러나 어머니로서 볼 때는…….더 써서 무엇하랴! '어머니'를 이해하고 동정할 줄 모르는 간호부! 그의 그 과학적 냉정이 나는 몹시도 미웠다.

① 문명한 기계보다 야만인 기계를
② 문명한 기계보다 문명한 인생을
③ 문명한 기계보다 야만인 인생을
④ 야만인 기계보다 문명한 기계를

✎ **행정법**

1. 행정지도에 대한 설명으로 옳지 않은 것은? (다툼이 있는 경우 판례에 의함)

① 위법한 행정지도에 따라 행한 사인의 행위는 법령에 명시적으로 정함이 없는 한 위법성이 조각된다고 할 수 없다.

② 행정지도의 상대방은 행정지도의 내용에 동의하지 않는 경우 이를 따르지 않을 수 있으므로, 행정지도의 내용이나 방식에 대해 의견제출권을 갖지 않는다.

③ 행정지도가 말로 이루어지는 경우에 상대방이 행정지도의 취지 및 내용, 행정지도를 하는 자의 신분에 관한 사항을 적은 서면의 교부를 요구하면 그 행정지도를 하는 자는 직무 수행에 특별한 지장이 없으면 이를 교부하여야 한다.

④ 「국가배상법」이 정한 배상청구의 요건인 '공무원의 직무'에는 권력적 작용만이 아니라 행정지도와 같은 비권력적 작용도 포함된다.

2. 통치행위에 대한 판례의 입장으로 옳지 않은 것은?

① 고도의 정치적 성격을 지니는 남북정상회담 개최과정에서 정부에 신고하지 아니하거나 협력사업 승인을 얻지 아니한 채 북한측에 사업권의 대가 명목으로 송금한 행위 자체는 사법심사의 대상이 된다.

② 기본권 보장의 최후 보루인 법원으로서는 사법심사권을 행사함으로써, 대통령의 긴급조치권 행사로 인하여 우리나라 헌법의 근본이념인 자유민주적 기본질서가 부정되는 사태가 발생하지 않도록 그 책무를 다하여야 한다.

③ 신행정수도건설이나 수도이전문제는 그 자체로 고도의 정치적 결단을 요하므로 사법심사의 대상에서 제외되고, 그것이 국민의 기본권 침해와 관련되는 경우에도 헌법재판소의 심판대상이 될 수 없다.

④ 외국에의 국군 파견결정은 그 성격상 국방 및 외교에 관련된 고도의 정치적 결단을 요하는 문제로서, 헌법과 법률이 정한 절차가 지켜진 것이라면 대통령과 국회의 판단은 존중되어야 하고 사법적 기준만으로 이를 심판하는 것은 자제되어야 한다.

3. 「공공기관의 정보공개에 관한 법률」에 관한 설명으로 가장 옳지 않은 것은? (다툼이 있는 경우 판례에 의함)

① 이해관계자인 당사자에게 문서열람권을 인정하는 행정절차법상의 정보공개와는 달리 「공공기관의 정보공개에 관한 법률」은 모든 국민에게 정보공개청구를 허용한다.

② 행정정보공개의 출발점은 국민의 알 권리인데, 알 권리 자체는 헌법상으로 명문화되어 있지 않음에도 불구하고, 우리 헌법재판소는 초기부터 국민의 알 권리를 헌법상의 기본권으로 인정하여 왔다.

③ 재건축사업계약에 의하여 조합원들에게 제공될 무상보상평수 산출내역은 법인 등의 영업상 비밀에 관한 사항이 아니며 비공개대상정보에 해당되지 않는다.

④ 판례는 '특별법에 의하여 설립된 특수법인'이라는 점만으로 정보공개의무를 인정하고 있으며, 다시금 해당 법인의 역할과 기능에서 정보공개의무를 지는 공공기관에 해당하는지 여부를 판단하지 않는다.

4. 처분에 대한 판례의 입장으로 옳지 않은 것은?

① 행정재산의 무단점유자에 대한 변상금부과행위는 처분이나, 대부한 일반재산에 대한 사용료부과고지행위는 처분이 아니다.

② 제1차 계고처분 이후 고지된 제2차, 제3차의 계고처분은 처분이 아니나, 거부처분이 있은 후 동일한 내용의 신청에 대하여 다시 거절의 의사표시를 한 경우에는 새로운 처분으로 본다.

③ 행정행위의 부관 중 조건이나 기한은 독립하여 행정소송의 대상이 될 수 없으나, 부담은 독립하여 행정소송의 대상이 될 수 있다.

④ 병역처분의 자료로 군의관이 하는 「병역법」상의 신체등급판정은 처분이나, 「산업재해보상보험법」상 장해보상금결정의 기준이 되는 장해등급결정은 처분이 아니다.

5. 「행정절차법」상 행정절차에 대한 설명으로 옳지 않은 것은?

① 단순·반복적인 처분 또는 경미한 처분으로서 당사자가 그 이유를 명백히 알 수 있는 경우라 하더라도 처분 후 당사자가 요청하는 경우에는 행정청은 그 근거와 이유를 제시하여야 한다.

② 행정청이 당사자에게 의무를 과하거나 권익을 제한하는 처분을 하는 경우라도 당사자가 명백히 의견진술의 기회를 포기한다는 뜻을 표시한 경우에는 의견청취를 하지 않을 수 있다.

③ 행정청은 대통령령을 입법예고하는 경우에는 이를 국회 소관 상임위원회에 제출하여야 한다.

④ 인허가 등의 취소 또는 신분·자격의 박탈, 법인이나 조합 등의 설립허가의 취소 시 의견제출기한 내에 당사자등의 신청이 있는 경우에 공청회를 개최한다.

6. 행정소송과 그 피고에 대한 연결이 옳은 것만을 모두 고르면?

> ㉠ 대통령의 검사임용처분에 대한 취소소송 – 법무부 장관
> ㉡ 국토교통부 장관으로부터 권한을 내부위임 받은 국토교통부 차관이 처분을 한 경우에 그에 대한 취소소송 – 국토교통부 차관
> ㉢ 헌법재판소장이 소속직원에게 내린 징계처분에 대한 취소소송 – 헌법재판소 사무처장
> ㉣ 환경부 장관의 권한을 위임받은 서울특별시장이 내린 처분에 대한 취소소송 – 서울특별시장

① ㉠, ㉡   ② ㉢, ㉣

③ ㉠, ㉢, ㉣   ④ ㉠, ㉡, ㉢, ㉣

7. 행정대집행에 대한 설명으로 가장 옳지 않은 것은?

① 대집행의 대상이 되는 행위는 법률에서 직접 명령된 것이 아니라, 법률에 의거한 행정청의 명령에 의한 행위를 말한다.

② 법령에서 정한 부작위의무 자체에서 의무위반으로 인해 형성된 현상을 제거할 작위의무가 바로 도출되는 것은 아니다.

③ 건물의 용도에 위반되어 장례식장으로 사용하는 것을 중지할 것을 명한 경우, 이 중지의무는 대집행의 대상이 아니다.

④ 공익사업을 위해 토지를 협의 매도한 종전 토지소유자가 토지 위의 건물을 철거하겠다는 약정을 하였다고 하더라도 이러한 약정 불이행 시 대집행의 대상이 되지 아니한다.

8. 법률유보의 원칙에 대한 설명으로 옳지 않은 것은? (다툼이 있는 경우 판례에 의함)

① 법률유보의 원칙에서 요구되는 법적 근거는 작용법적 근거를 의미한다.

② 개인택시운송사업자의 운전면허가 아직 취소되지 않았더라도 운전면허 취소사유가 있다면 행정청은 명문 규정이 없더라도 개인택시운송사업면허를 취소할 수 있다.

③ 법률유보의 원칙은 국민의 기본권실현과 관련된 영역에 있어서는 입법자가 그 본질적 사항에 대해서 스스로 결정하여야 한다는 요구까지 내포하고 있다.

④ 국회가 형식적 법률로 직접 규율하여야 하는 필요성은 규율대상이 기본권 및 기본적 의무와 관련된 중요성을 가질수록, 그에 관한 공개적 토론의 필요성 또는 상충하는 이익 사이의 조정 필요성이 클수록 더 증대된다.

9. 행정행위의 취소에 대한 설명으로 옳은 것만을 모두 고르면? (다툼이 있는 경우 판례에 의함)

㉠ 「산업재해보상보험법」상 각종 보험급여 등의 지급결정을 변경 또는 취소하는 처분과 처분에 터 잡아 잘못 지급된 보험급여액에 해당하는 금액을 징수하는 처분이 적법한지를 판단하는 경우, 지급결정을 변경 또는 취소하는 처분이 적법하다면 그에 터 잡은 징수처분도 적법하다고 판단해야 한다.

㉡ 권한 없는 행정기관이 한 당연무효인 행정처분을 취소할 수 있는 권한은 당해 행정처분을 한 처분청에게 속하고, 당해 행정처분을 할 수 있는 적법한 권한을 가지는 행정청에게 그 취소권이 귀속되는 것이 아니다.

㉢ 수익적 처분이 상대방의 허위 기타 부정한 방법으로 인하여 행하여졌다면 상대방은 그 처분이 그와 같은 사유로 인하여 취소될 것임을 예상할 수 없었다고 할 수 없으므로, 이러한 경우에까지 상대방의 신뢰를 보호하여야 하는 것은 아니다.

---

① ㉠, ㉡   ② ㉠, ㉢

③ ㉡, ㉢   ④ ㉠, ㉡, ㉢

10. 행정소송의 판결의 효력에 관한 설명으로 가장 옳은 것은?

① 기속력은 청구인용판결뿐만 아니라 청구기각판결에도 미친다.

② 처분 등의 무효를 확인하는 확정판결은 소송당사자 이외의 제3자에 대하여는 효력이 미치지 않는다.

③ 사정판결의 경우에는 처분의 적법성이 아닌 처분의 위법성에 대하여 기판력이 발생한다.

④ 세무서장을 피고로 하는 과세처분취소소송에서 패소하여 그 판결이 확정된 자가 국가를 피고로 하여 과세처분의 무효를 주장하여 과오납금반환청구소송을 제기하더라도 취소소송의 기판력에 반하는 것은 아니다.

11. 공공기관의 정보공개에 대한 설명으로 가장 옳지 않은 것은?

① 정보공개청구는 시민단체의 정보공개청구와 같이 개인적인 이해관계가 없는 공익을 위한 경우에도 인정된다.

② 공개를 거부한 정보에 비공개대상정보에 해당하는 부분과 공개가 가능한 부분이 혼합되어 있는 경우라면 법원은 정보공개거부처분 전부를 취소해야 한다.

③ 공개거부결정에 대하여 공공기관의 정보공개에 관한 법률상의 이의신청을 거치지 아니하고 직접 행정소송을 제기할 수 있다.

④ 판례에 의하면 공개대상정보는 공공기관이 직무상 작성 또는 취득하여 관리하고 있는 문서에 한정되는 것이기는 하나, 그 문서가 반드시 원본일 필요는 없다.

12. 행정심판에 관한 설명으로 옳은 것은?

① 행정심판의 심리는 구술심리 또는 서면심리로 한다.

② 「행정심판법」상 행정심판의 종류로는 취소심판, 무효등확인심판, 부작위위법확인심판이 있다.

③ 「행정심판법」상 행정심판의 심리·재결기관은 재결청이다.

④ 무효등확인심판에 있어서도 사정재결을 할 수 있다.

13. 다음 중 특허에 해당하는 것은?

> ㉠ 버스운송사업면허
> ㉡ 공중목욕탕영업허가
> ㉢ 보세구역의 설치·운영에 관한 특허
> ㉣ 산림형질변경 허가
> ㉤ 공유수면매립허가
> ㉥ 공공조합의 정관변경허가
> ㉦ 특허기업의 사업양도허가

① ㉠㉢㉤　　　　　　② ㉠㉢㉦
③ ㉡㉣㉤　　　　　　④ ㉡㉤㉦

14. 다음은 현행 「질서위반행위규제법」의 일부이다. 괄호 안에 공통적으로 들어갈 용어는?

> '질서위반행위'란 법률(지방자치단체의 조례를 포함한다. 이하 같다)상의 의무를 위반하여 (　　)을(를) 부과하는 행위를 말한다. 다만, 다음 각 목의 어느 하나에 해당하는 행위를 제외한다.
> 가. 대통령령으로 정하는 사법(私法)상·소송법상 의무를 위반하여 (　　)을(를) 부과하는 행위
> 나. 대통령령으로 정하는 법률에 따른 징계사유에 해당하여 (　　)을(를) 부과하는 행위

① 가산금　　　　　　② 과태료
③ 부당이득세　　　　④ 이행강제금

15. 행정행위의 하자에 대한 설명으로 옳지 않은 것은? (다툼이 있는 경우 판례에 의함)

① 하자 있는 행정행위의 치유는 행정행위의 성질이나 법치주의의 관점에서 볼 때 원칙적으로 허용될 수 없다.

② 무효선언을 구하는 의미에서 제기된 취소소송도 제소기간 제한 등의 소송요건을 갖추어야 한다.

③ 행정청이 법률에 근거하여 행정처분을 한 후에 헌법재판소가 그 법률을 위헌으로 결정하였다면 그 행정처분은 당연 무효가 된다.

④ 보충역 편입처분과 공익근무요원 소집처분은 양자가 별개의 법률효과를 목표로 하는 것이므로 선행처분에 대한 하자는 후행처분에 승계되지 않는다.

16. 「개인정보 보호법」에 대한 내용으로 옳지 않은 것은?

① 개인정보처리자란 업무를 목적으로 개인정보파일을 운용하기 위하여 스스로 또는 다른 사람을 통하여 개인정보를 처리하는 공공기관, 법인, 단체 및 개인 등을 말한다.

② 영상정보처리기기운영자는 영상정보처리기기의 설치 목적과 다른 목적으로 영상정보처리기기를 임의로 조작하거나 다른 곳을 비춰서는 아니 되며, 녹음기능은 사용할 수 없다.

③ 개인정보에 관한 분쟁의 조정을 위하여 위원장 1명을 포함한 20명 이내의 위원으로 구성된 개인정보보호심의위원회를 두고 있다.

④ 정보주체는 자신의 개인정보 처리와 관련하여 개인정보의 처리 정지, 정정·삭제 및 파기를 요구할 권리를 가진다.

17. 신뢰보호의 원칙에 대한 설명으로 옳지 않은 것은? (다툼이 있는 경우 판례에 의함)

① 신뢰보호의 이익과 공익 또는 제3자의 이익이 상호 충돌하는 경우에는 이들 상호간에 이익형량을 하여야 한다.

② 행정청의 공적 견해표명이 있었는지의 여부를 판단하는 데 있어 반드시 행정조직상의 형식적인 권한분장에 구애될 것은 아니다.

③ 폐기물관리법령상의 폐기물처리업 사업계획에 대하여 적정통보를 한 것만으로도 그 사업부지토지에 대한 국토이용계획변경신청을 승인하여 주겠다는 취지의 공적인 견해표명을 한 것으로 볼 수 있다.

④ 사후에 선행조치가 변경될 것을 사인이 예상하였거나 중대한 과실로 알지 못한 경우에는 보호가치 있는 신뢰라고 할 수 없다.

18. 「행정절차법」상 규정이 없는 것은?

① 신고절차
② 계획확정절차
③ 의견제출 및 청문절차
④ 입법예고절차 및 행정예고절차

19. 통치행위에 대한 판례의 태도로 옳지 않은 것은?

① 대통령의 긴급재정경제명령은 국가긴급권의 일종으로서 고도의 정치적 결단에 의하여 발동되는 행위이고 그 결단을 존중하여야 할 필요성이 있는 행위라는 의미에서 이른바 통치행위에 속한다.

② 남북정상회담의 개최과정에서 재정경제부장관에게 신고하지 아니하거나 통일부장관의 협력사업 승인을 얻지 아니한 채 북한 측에 사업권의 대가 명목으로 송금한 행위는 고도의 정치적 성격을 지니고 있는 행위라 할 것이므로 특별한 사정이 없는 한 그 당부를 심판하는 것은 사법권의 내재적·본질적 한계를 넘어서는 것이 되어 적절하지 못하다.

③ 통치행위의 개념을 인정한다고 하더라도 과도한 사법심사의 자제가 기본권을 보장하고 법치주의 이념을 구현하여야 할 법원의 책무를 태만히 하거나 포기하는 것이 되지 않도록 그 인정을 지극히 신중하게 하여야 하며, 그 판단은 오로지 사법부만에 의하여 이루어져야 한다.

④ 외국에의 국군의 파견결정은 파견군인의 생명과 신체의 안전뿐만 아니라 국제사회에서의 우리나라의 지위와 역할, 동맹국과의 관계, 국가안보문제 등 궁극적으로 국민 내지 국익에 영향을 미치는 복잡하고도 중요한 문제로서 국내 및 국제정치관계 등 제반상황을 고려하여 미래를 예측하고 목표를 설정하는 등 고도의 정치적 결단이 요구되는 사안이다.

20. 무효등확인소송 및 부작위위법확인소송에 관한 설명으로 옳은 것은?

① 무효등확인소송에서는 사정판결이 인정되지 않는다.

② 취소소송의 제소기간에 관한 규정은 무효등확인소송과 부작위위법확인소송에서는 준용되지 않는다.

③ 부작위위법확인소송에서의 위법판단의 기준시는 처분시이다.

④ 부작위위법확인소송에서 '부작위'라 함은 행정청이 당사자의 신청에 대하여 상당한 기간 내에 일정한 처분을 하여야 할 법률상 의무가 있음에도 불구하고 처분을 하지 않는다는 의사를 통지하는 것을 말한다.

21. 행정계획에 관한 설명 중 옳은 것은? (다툼이 있으면 판례에 의함)

① 도시의 기본적인 공간구조와 장기발전방향을 제시하는 종합계획으로서 도시기본계획은 처분성을 갖는다.

② 도시계획구역 안의 토지나 건물소유자의 행위를 제한하게 되는 도시계획결정은 행정소송의 대상이 된다.

③ 구속적 행정계획은 법령의 목적달성을 위한 요건형성에 해당한다는 점에서 입법행위로 보아 소송대상이 되는 처분으로 보지 아니한다.

④ 비구속적 행정계획안이나 행정지침은 국민의 기본권에 직접적으로 영향을 끼치고, 앞으로 법령의 뒷받침에 의하여 그대로 실시될 것이 틀림없을 것으로 예상될 수 있는 경우라도, 공권력행위로서 헌법소원의 대상이 될 수 없다.

22. 다음은 행정벌에 대해 설명한 것이다. 가장 적절한 것은? (다툼이 있으면 판례에 의함)

① 국가가 본래 그의 사무의 일부를 지방자치단체의 장에게 위임하여 처리하게 하는 기관위임사무의 경우 지방자치단체는 양벌규정에 의해 처벌대상이 되는 법인에 해당한다.

② 「질서위반행위규제법」에는 행정청의 과태료부과에 대해 상대방이 이의를 제기하면 과태료부과 처분은 그 집행이 정지된다고 규정하고 있다.

③ 「도로교통법」에서 규정하고 있는 경찰서장의 통고처분은 행정소송의 대상이 되는 행정처분이 아니라는 것이 판례의 입장이다.

④ 「질서위반행위규제법」에는 질서위반행위에 고의·과실이 없어도 과태료를 부과할 수 있다고 규정하고 있다.

23. 공용수용 및 손실보상에 대한 설명으로 옳지 않은 것은? (다툼이 있는 경우 판례에 의함)

① 헌법재판소는 「산업입지 및 개발에 관한 법률」에서 민간기업에게 산업단지개발사업에 필요한 토지 등을 수용할 수 있도록 규정한 조항이 헌법 제23조 제3항에 위반되지 않는다고 판시하였다.

② 「공익사업을 위한 토지 등의 취득 및 보상에 관한 법률」상 이주대책은 이주대책 대상자들에 대하여 종전의 생활상태를 원상으로 회복시키면서 동시에 인간다운 생활을 보장하여 주기 위한 생활보상의 일환이다.

③ 「공익사업을 위한 토지 등의 취득 및 보상에 관한 법률」상 토지소유자가 보상금의 증감에 관한 소송을 제기하고자 하는 경우에는 지방토지수용위원회 또는 중앙토지수용위원회를 피고로 행정소송을 제기하여야 한다.

④ 「공익사업을 위한 토지 등의 취득 및 보상에 관한 법률」상 보상액의 산정은 협의에 의한 경우에는 협의성립 당시의 가격을, 재결에 의한 경우에는 수용 또는 사용의 재결 당시의 가격을 기준으로 한다.

24. 행정규칙에 대한 설명으로 옳지 않은 것은?

① 훈령, 지시, 예규, 일일명령 등 행정기관이 그 하급기관이나 소속 공무원에 대하여 일정한 사항을 지시하는 문서는 지시문서이다.

② 대법원은 교육부장관이 내신성적산정지침을 시·도 교육감에게 통보한 것은 행정조직 내부에서 내신성적평가에 관한 심사기준을 시달한 것에 불과하다고 보아 위 지침을 행정처분으로 볼 수 없다고 판단하였다.

③ 대법원은 제재적 처분의 기준이 부령 형식으로 규정되어 있더라도 그것은 행정청 내부의 사무처리준칙을 정한 것에 지나지 아니하여 대외적으로 국민이나 법원을 기속하는 효력이 없고, 당해 처분의 적법여부는 위 처분기준뿐만 아니라 관계 법령의 규정내용과 취지에 따라야 한다고 판단하였다.

④ 대법원은 행정적 편의를 도모하기 위해 법령의 위임을 받아 제정된 절차적 규정을 법령보충적 행정규칙으로 본다.

25. 허가 및 특허에 대한 설명으로 옳지 않은 것은? (다툼이 있는 경우 판례에 의함)

① 「여객자동차 운수사업법」에 의한 개인택시운송사업면허는 특정인에게 권리나 이익을 부여하는 행정청의 재량행위이며, 동법(同法) 및 그 시행규칙의 범위 내에서 면허를 위하여 필요한 기준을 정하는 것 역시 행정청의 재량에 속한다.

② 주류판매업면허는 강학상의 허가로 해석되므로 「주세법」에 열거된 면허제한사유에 해당하지 아니하는 한 면허관청으로서는 임의로 그 면허를 거부할 수 없다.

③ 건축허가 시 건축허가서에 건축주로 기재된 자는 당연히 그 건물의 소유권을 취득하며, 건축 중인 건물의 소유자와 건축허가의 건축주는 일치하여야 한다.

④ 한약조제시험을 통하여 약사에게 한약조제권을 인정함으로써 한의사들의 영업상 이익이 감소되었다고 하더라도 이러한 이익은 사실상의 이익에 불과하다.

1. 다음 중 신공공서비스론(New Public Service, NPS)에서 강조하는 공무원의 동기 유발 요인은?

① 기업가 정신   ② 보수의 상승
③ 신분 보호   ④ 사회봉사

2. 행정이론에 대한 설명으로 가장 옳지 않은 것은?

① 신공공관리론에서는 국민을 납세자나 일방적인 서비스 수혜자가 아닌 정부의 고객으로 인식한다.
② 탈신공공관리론은 신공공관리론의 결과로 나타난 재집권화와 재규제를 경계한다.
③ 뉴거버넌스론의 하나인 유연조직모형에서는 관리의 개혁방안으로 가변적 인사관리를 제시한다.
④ 신공공서비스론에서는 공익을 공유된 가치에 대한 담론의 결과물로 인식한다.

3. 신행정학(New Public Administration)의 핵심 내용으로 옳은 것만을 모두 고른 것은?

```
㉠ 효율성 강조
㉡ 실증주의적 연구 지향
㉢ 적실성 있는 행정학 연구
㉣ 고객중심의 행정
㉤ 기업식 정부 운영
```

① ㉠, ㉡   ② ㉡, ㉢
③ ㉢, ㉣   ④ ㉣, ㉤

4. 정부규제를 사회적 규제와 경제적 규제로 나눌 경우 경제적 규제의 성격이 가장 강한 것은?

① 진입규제   ② 환경규제
③ 산업재해규제   ④ 소비자안전규제

5. 행정가치 중 수단적 가치에 대한 설명으로 가장 옳지 않은 것은?

① 대외적 민주성을 확보하기 위해 행정통제가 필요하다.
② 수단적 가치는 본질적 가치의 실현을 가능하게 하는 가치들이다.
③ 전통적으로 책임성은 제도적 책임성(accountability)과 자율적 책임성(responsibility)으로 구분되어 논의되었다.
④ 사회적 효율성(social efficiency)은 과학적 관리론의 등장과 함께 강조되었다.

6. 딜레마이론에 대한 설명으로 옳은 것은?

① 부정확한 정보와 의사결정자의 결정 능력 한계로 인해 발생하는 딜레마 상황에 주목한다.
② 대안을 선택하지 않는 비결정도 딜레마에 대한 하나의 대응 형태로 볼 수 있다.
③ 두 대안이 추구하는 가치 간 충돌이 있는 경우 결국 절충안을 선택하게 된다.
④ 딜레마의 구성 요건으로서 단절성(discreteness)이란 시간의 제약이 존재하므로 어떤 식의 결정이든 해야 함을 의미한다.

7. 롤스(J. Rawls)의 정의론에 대한 설명으로 옳지 않은 것은?

① 자유와 평등의 조화를 추구하는 중도적 입장보다는 자유방임주의에 의거한 전통적 자유주의 입장을 취하고 있다.
② 사회의 모든 가치는 평등하게 배분되어야 하며, 불평등한 배분은 그것이 사회의 최소수혜자에게도 유리한 경우에 정당하다고 본다.
③ 현저한 불평등 위에서는 사회의 총체적 효용 극대화를 추구하는 공리주의가 정당화될 수 없다고 본다.
④ 원초적 자연상태(state of nature) 하에서 구성원들의 이성적 판단에 따른 사회형태는 극히 합리적일 것이라고 가정하는 사회계약론적 전통에 따른다.

8. 총액배분·자율편성제도에 대한 설명으로 옳지 않은 것은?

① 전략기획과 분권 확대를 예산편성 방식에 도입하기 위해 실시하고 있다.

② 각 중앙부처는 소관 정책과 우선순위에 입각해 연도별 재정 규모, 분야별·부문별 지출한도를 제시한다.

③ 지출한도가 사전에 제시되기 때문에 부처의 재정사업에 대한 책임과 권한을 강화할 수 있다.

④ 부처의 재량을 확대하였지만 기획재정부는 사업별 예산통제 기능을 유지하고 있다.

9. 포스트모더니즘에 기초한 행정이론의 특징으로 가장 옳지 않은 것은?

① 맥락 의존적인 진리를 거부한다.

② 타자에 대한 대상화를 거부한다.

③ 고유한 이론의 영역을 거부한다.

④ 지배를 야기하는 권력을 거부한다.

10. 앨리슨(Allison) 모형에 대한 설명으로 옳은 것은?

① 합리적 행위자 모형에서는 국가전체의 이익과 국가목표 추구를 위해서 개인의 이익을 고려하지 않는 것을 경계하며 국가가 단일적인 결정자임을 부정한다.

② 조직과정모형에서 조직은 불확실성을 회피하기 위하여 정책결정을 할 때 표준운영절차(SOP)나 프로그램 목록(program repertory)에 의존하지 않는다.

③ 관료정치모형은 여러 다양한 문제에 관심을 갖는 다수의 행위자를 상정하며 이들의 목표는 일관되지 않는다.

④ 외교안보문제 분석에 있어서 설명력을 높이기 위한 대안적 모형으로 조직과정모형을 고려하지는 않는다.

11. 로위(Lowi)가 제시한 구성정책의 사례로 옳지 않은 것은?

① 공직자 보수에 관한 정책

② 선거구 조정 정책

③ 정부기관이나 기구 신설에 관한 정책

④ 국유지 불하 정책

12. 허시(Hersey)와 블랜차드(Blanchard)는 부하의 성숙도(Maturity)에 따른 효과적인 리더십을 제시하였다. 부하가 가장 미성숙한 상황에서 점점 성숙해간다고 할 때, 가장 효과적인 리더십 유형을 〈보기〉에서 골라 순서대로 나열한 것은?

〈보기〉	
㈎ 참여형	㈏ 설득형
㈐ 위임형	㈑ 지시형

① ㈐ → ㈎ → ㈏ → ㈑

② ㈑ → ㈎ → ㈏ → ㈐

③ ㈑ → ㈏ → ㈎ → ㈐

④ ㈑ → ㈏ → ㈐ → ㈎

13. 정부의 개입활동 중에서 외부효과, 자연독점, 불완전 경쟁, 정보의 비대칭 등의 상황에 모두 적절한 대응방식은?

① 공적공급

② 공적유도

③ 정부규제

④ 민영화

14. 행정에 있어서 가외성(redundancy)에 대한 설명으로 옳은 것은?

① Landau는 권력분립 및 연방주의를 가외성 현상으로 보았다.

② 정보체제의 안전성을 증진시키기 위해서는 초과분의 채널이나 코드가 없는 비가외적 설계가 필요하다.

③ 불확실성이 커질수록 가외성의 필요성은 줄어든다.

④ 조직내외에서 가외성은 기능상 충돌의 가능성을 없애는 역할을 한다.

15. 팀의 주요 사업에 기여도가 약한 사람에게는 팀에 주어지는 성과 포인트를 배정하지 않음으로써, 성실한 참여를 유도하는 방식은 다음 중 어디에 해당하는가?

① 긍정적 강화　　　　　② 소거

③ 처벌　　　　　　　　④ 부정적 강화

16. 신공공관리론(NPM)과 뉴거버넌스에 대한 설명으로 옳지 않은 것은?

① NPM은 경쟁의 원리를 강조하지만, 뉴거버넌스는 신뢰를 기반으로 조정과 협조를 중시한다.

② NPM은 작은 정부를 중시하면서 행정과 경영을 동일시하지만, 뉴거버넌스는 큰 정부를 중시하면서 행정과 경영을 분리시킨다.

③ NPM은 국민을 공리주의에 입각하여 고객으로 보지만, 뉴거버넌스는 국민을 시민주의에 바탕을 두고 덕성을 지닌 시민으로 본다.

④ NPM은 행정의 경영화에 의한 정치행정 이원론의 성격이 강하지만, 뉴거버넌스는 담론이론 등을 바탕으로 한 행정의 정치성을 중시한다고 볼 수 있다.

17. 행정의 부패에 대한 설명으로 옳지 않은 것은?

① 부패의 원인을 법규 침해행위에 참여한 공무원 개인의 윤리와 자질에서 찾는 접근을 부패에 대한 도덕적 접근이라고 한다.

② 부패를 어느 하나의 변수에 의해 설명하지 않고 문화적 특성, 구조적 모순, 공무원의 부정적 행태 등 다양한 요인에 의해 복합적으로 설명하는 입장은 체제론적 접근에 해당된다.

③ 인허가와 관련된 업무를 처리할 때 급행료를 지불하거나 은행의 자금대출 시 커미션을 지불하는 것을 당연시하는 경우가 있는데 이는 일탈형 부패에 해당된다.

④ 공무원이 사적 이익을 취할 목적 없이 공적 이익을 위하여 거짓말하는 경우에도 엄밀한 의미에서 부패행위에 해당되는데 이를 백색부패라고 한다.

18. 우리나라 주민참여제도의 법제화 순서로 옳은 것은?

① 조례제정·개폐청구제도 → 주민투표제도 → 주민소송제도 → 주민소환제도

② 주민투표제도 → 주민감사청구제도 → 주민소송제도 → 주민소환제도

③ 주민소송제도 → 주민투표제도 → 주민감사청구제도 → 주민소환제도

④ 주민감사청구제도 → 주민소송제도 → 주민투표제도 → 조례제정·개폐청구제도

19. 지식행정의 특징과 가장 거리가 먼 것은?

① 연성조직의 강화

② 의사소통의 활성화

③ 인적자본의 강화

④ 암묵지의 축소화

20. 영기준 예산제도(ZBB)의 특징으로 옳지 않은 것은?

① 예산배분 결정에 있어 경제 원리를 반영한다.

② 전 행정계층에 걸쳐 관리자가 예산편성에 참여한다.

③ 목표달성을 위한 대안의 평가와 결과를 분석한다.

④ 예산편성 시 전년도 예산을 기준으로 한다.

21. 정책평가에 대한 설명으로 옳지 않은 것은?

① 정책평가의 외적 타당도란 특정한 상황에서 얻은 정책평가의 결과를 일반화할 수 있는 정도를 말한다.

② 정책평가의 내적 타당도란 관찰된 결과가 다른 경쟁적 요인들보다는 해당 정책에 기인하는 것이라고 판단할 수 있는 정도를 의미한다.

③ A라는 정책이 집행된 이후에 그 정책의 목표 B가 달성된 것을 발견한 경우, 정책평가자는 A와 B 사이에 인과관계가 존재한다고 결론을 내릴 수 있다.

④ 신뢰도는 동일한 측정도구를 반복하여 사용했을 때 동일한 결과를 얻을 확률을 의미한다.

22. '공유지의 비극(The tragedy of the commons)'에 대한 설명으로 적절하지 않은 것은?

① 개인적으로는 합리적인 선택이 사회 전체적으로는 비효율을 초래한다.

② 소유권이 불분명하게 규정되어 자원이 낭비되는 현상이다.

③ 한 사람의 선택 행위가 다른 사람에게 긍정적인 외부효과를 초래한다.

④ 외부효과를 내부화함으로써 어느 정도 해결할 수 있다.

23. 재정 민주주의에 대한 설명으로 옳지 않은 것은?

① 재정 민주주의는 '대표 없이 과세 없다'라는 표현에서 나타나듯이 재정 주권이 납세자인 국민에게 있다는 의미를 내포하고 있다.

② 납세자인 시민이 국가 또는 지방자치단체의 재정지출과 관련된 부정과 낭비를 감시하는 납세자 소송제도는 재정 민주주의의 본질을 잘 반영하고 있다.

③ 주민참여 예산제도는 예산편성과정에 주민참여를 확대함으로써 지방재정 운영의 투명성 및 공정성을 제고하여 재정 민주주의에 기여한다.

④ 정부 예산집행의 신축성을 확대하기 위하여 만들어진 예산의 전용제도는 국회의 동의를 구해야 하므로 재정 민주주의 확보에 기여하는 제도적 장치이다.

24. 정책집행에 관한 연구 중에서 하향적(top-down) 접근방법이 중시하는 효과적 정책집행의 조건으로 옳은 것만을 모두 고른 것은?

┌─────────────────────────────────────┐
│ ㉠ 일선관료의 재량권 확대   │
│ ㉡ 지배기관들(sovereigns)의 지원   │
│ ㉢ 집행을 위한 자원의 확보   │
│ ㉣ 명확하고 일관성 있는 목표   │
└─────────────────────────────────────┘

① ㉠, ㉡　　　　　　　　② ㉠, ㉢

③ ㉡, ㉣　　　　　　　　④ ㉡, ㉢, ㉣

25. 행정책임과 행정통제에 대한 설명 중 옳지 않은 것은?

① 행정통제의 중심과제는 궁극적으로 민주주의와 관료제 간의 조화 문제로 귀결된다.

② 행정통제는 설정된 행정목표와 기준에 따라 성과를 측정하는 데 초점을 맞추면 별도의 시정 노력은 요구되지 않는 특징이 있다.

③ 행정책임은 행정관료가 도덕적·법률적 규범에 따라 행동해야 하는 국민에 대한 의무이다.

④ 행정통제란 어떤 측면에서는 관료로부터 재량권을 빼앗는 것이다.

군무원

행정직

기출동형 모의고사

	영 역	국어, 행정법, 행정학
제 3 회	문항수	75문항
	시 간	75분
	비 고	객관식 4지 택일형

제3회 기출동형 모의고사

✏️ **국어**

1. 밑줄 친 말 중 표준어인 것은?

① <u>담쟁이덩쿨</u>은 가을에 아름답다.

② <u>벌러지</u>를 함부로 죽이면 안 돼.

③ 쇠고기는 <u>푸줏관</u>에서 팔고 있다.

④ 아이가 <u>고까옷</u>을 입고 뽐내고 있다.

2. 제시된 말의 표준 발음이 옳지 않은 것은?

① 이원론[이 : 원논]

② 동원령[동 : 원녕]

③ 임진란[임 : 진난]

④ 상견례[상 : 견녜]

3. 다음 중 어문규정에 맞게 표기된 것은?(띄어쓰기 포함)

① 그곳은 아직 한 겨울이라 날씨가 좋지 않다.

② 요즘 풀을 뽑고 마당을 늘리는 일에 재미가 붙었다.

③ 그 아이는 헬쓱한 얼굴로 침대 위에 누워 있었다.

④ 모인 사람의 수는 걷잡아도 50명은 충분히 넘어 보였다.

4. 밑줄 친 것 중 보조사인 것은?

① 이 물건은 시장<u>에서</u> 사 왔다.

② 개는 늑대<u>와</u> 비슷하게 생겼다.

③ 그것은 교사<u>로서</u> 할 일이 아니다.

④ 나<u>는</u> 거칠 것 없는 바다의 사나이다.

5. 밑줄 친 단어를 어법에 맞게 사용한 것은?

① 아버지는 추위를 <u>무릎쓰고</u> 밖에 나가셨다.

② 외출하기 전에 어머니께서 내 방에 잠깐 <u>들르셨다</u>.

③ 그가 미소를 <u>띈</u> 얼굴로 서 있는 모습이 보였다.

④ 내 능력 이상으로 크게 사업을 <u>벌렸다가</u> 실패하고 말았다.

6. 다음 글이 설명하고자 하는 것은?

구비문학에서는 기록문학과 같은 의미의 단일한 작품 내지 원본이라는 개념이 성립하기 어렵다. 윤선도의 '어부사시사'와 채만식의 '태평천하'는 엄밀하게 검증된 텍스트를 놓고 이것이 바로 그 작품이라 할 수 있지만, '오누이 장사 힘내기' 전설이라든가 '진주 낭군' 같은 민요는 서로 조금씩 다른 종류의 구연물이 다 그 나름의 개별적 작품이면서 동일 작품의 변이형으로 인정되기도 하는 것이다. 이야기꾼은 그의 개인적 취향이나 형편에 따라 설화의 어떤 내용을 좀 더 실감나게 손질하여 구연할 수 있으며, 때로는 그 일부를 생략 혹은 변경할 수 있다. 모내기할 때 부르는 '모노래'는 전승적 가사를 많이 이용하지만, 선창자의 재간과 그때그때의 분위기에 따라 새로운 노래 토막을 끼워 넣거나 일부를 즉흥적으로 개작 또는 창작하는 일도 흔하다.

① 구비문학의 현장성   ② 구비문학의 유동성

③ 구비문학의 전승성   ④ 구비문학의 구연성

7. 다음에서 알 수 있는 언어 기호의 특성으로 적절한 것은?

• 언어는 문장, 단어, 형태소, 음운으로 쪼개어 나눌 수 있다. 특히 한정된 음운을 결합하여서 수많은 형태소, 단어를 만들고 무한한 문장을 만들 수 있다.

• 언어는 외부 세계를 반영할 때 있는 그대로 반영하지 않고 연속적으로 이루어져 있는 세계를 불연속적인 것으로 끊어서 표현한다. 실제로 무지개 색깔 사이의 경계를 찾아볼 수 없는데도 우리는 무지개 색깔이 일곱 가지라고 말한다.

① 추상성   ② 자의성

③ 분절성   ④ 역사성

8. 밑줄 친 말의 뜻은?

> 고슴도치도 제 새끼 털은 고와 보인다는 것처럼 이건 아이가 무슨 저지레를 치기라도 하면 그게 무슨 장한 일이나 되는 것처럼 끌어안았다.

① 일이나 물건에 문제가 생기게 하여 그르치는 일
② 일이나 물건에 문제가 자주 일어나는 일
③ 일이나 물건에 문제를 일으키는 것을 단속하는 일
④ 일이나 물건에 문제가 있을 때 잘 수습하는 일

9. 다음 한자성어의 풀이로 적절하지 않은 것은?

① 左顧右眄 : 앞뒤를 재고 망설임
② 不問曲直 : 옳고 그름을 따지지 아니함
③ 靑出於藍 : 제자가 스승보다 뛰어남
④ 千慮一失 : 잘못된 생각이 손해로 이어짐

10. 다음의 밑줄 친 구절에 대한 설명으로 적절하지 않은 것은?

> 東風이 검듯부니 물결이 고이인다
> 東湖를 도라보며 西湖로 가쟈스라
> 앞뫼히 지나가고 뒷뫼히 나아온다

① 경쾌한 속도감이 잘 나타나 있다.
② 교훈적, 정적인 평시조에 비하여 동적 감각이 드러난다.
③ 청신한 계절감각이 나타나 있다.
④ 표현에 있어서 신선감을 더해 준다.

11. 다음은 '문화 산업을 육성하자.'라는 주제로 글을 쓰기 위해 작성한 개요이다. 이 개요를 수정하기 위해 제기한 의견으로 가장 적절하지 않은 것은?

> • 주제 : 문화 산업을 육성하자.
> Ⅰ. 도입 : 문화 산업이 미래를 이끌어갈 차세대 산업으로 부상하고 있다.
> Ⅱ. 전개 1 : 문화 산업 발전을 육성하기 위한 방안
>   ㈎ 창의적인 아이디어를 펼칠 수 있는 예술 창작 기회의 마련
>   ㈏ 지적 재산권 보호를 통해 예술가들의 창작 의지를 고취
>   ㈐ 예술적 아이디어와 상업적 자본의 결합을 통한 대형 예술 기획 체제 마련
> Ⅲ. 전개 2 : 문화 산업을 육성시켜야 하는 이유
>   ㈎ 전통적인 경제 체제에서의 수익을 능가하는 경제적 이익
>   ㈏ 문화 산업은 고부가가치 고성장 산업
>   ㈐ 타 산업에 대한 파급효과가 크고 국가 이미지 제고에도 기여
> Ⅳ. 요약 및 마무리 : 문화 산업을 발전시키기 위한 국민적 공감대 형성 당부

① 주제가 분명히 드러날 수 있도록 '문화 산업을 육성하자.'를 '문화 산업을 육성하기 위한 대책을 마련하자.'로 바꾼다.
② 'Ⅰ. 도입'에 '한류 문화가 우리나라 경제에 미치는 파급 효과나 세계 문화에 끼치는 영향력' 등의 예를 들어 흥미를 유발시킨다.
③ 'Ⅱ. 전개 1'의 '㈐'는 이 글의 취지와 맞지 않으므로 삭제한다.
④ 글의 전체 흐름에 맞추어 볼 때, 'Ⅱ. 전개 1'과 'Ⅲ. 전개 2'의 내용은 순서를 바꾼다.

12. ( ) 안에 들어갈 말로 적절하게 묶인 것은?

> 거사(居士)가 거울을 한 개 가졌는데, 먼지가 끼어서 구름에 가린 달처럼 흐릿하였다. 아침저녁으로 들여다보면서 얼굴을 가다듬는 것같이 하였다. 손[客]이 보고 묻기를, "거울이란 얼굴을 비추는 것이다. 그렇지 않으면 군자가 이것을 보고 그 맑은 것을 취한다. 지금 그대의 거울은 흐릿하고 안개가 낀 듯하여 얼굴을 비출 수도 없고 그 맑은 것을 취할 수도 없다. 그런데도 그대는 오히려 늘 비춰보고 있으니 이유가 있는가?" 하였다. 거사가 말하기를, "거울이 맑은 것을 잘생긴 사람은 좋아하지만 못생긴 사람은 싫어한다. 그러나 잘생긴 사람은 적고 못생긴 사람은 많기에 한 번 보면 반드시 깨뜨려 버리고야 말 것이니, 먼지에 흐려진 것만 못하다. 먼지로 흐려진 것은 비록 그 외면은 부식되었더라도 그 맑은 바탕은 없어지지 않으니, 만일 잘생긴 사람을 만난 다음에 갈고 닦아도 늦지 않다. 아아, 옛적에 거울을 보는 사람은 그 (㉠)을 취하기 위함이었지만, 내가 거울을 보는 것은 그 (㉡)을 취하기 위함이니, 그대는 무엇을 괴이하게 여기는가?" 하니, 손이 대답할 말이 없었다.
>
> – 이규보, '경설(鏡說)' –

        ㉠   ㉡
① 흐린 것   맑은 것
② 맑은 것   흐린 것
③ 흐린 것   더 흐린 것
④ 맑은 것   더 맑은 것

13. 다음 글의 연결 순서로 가장 적절한 것은?

> ㉠ 과학은 현재 있는 그대로의 실재에만 관심을 두고 그 실재가 앞으로 어떠해야 한다는 당위에는 관심을 가지지 않는다.
> ㉡ 그러나 각자 관심을 두지 않는 부분에 대해 상대방으로부터 도움을 받을 수 있기 때문에 상호 보완적이라고 보는 것이 더 합당하다.
> ㉢ 과학과 종교는 상호 배타적인 것이 아니며 상호 보완적이다.
> ㉣ 반면 종교는 현재 있는 그대로의 실재보다는 당위에 관심을 가진다.
> ㉤ 이처럼 과학과 종교는 서로 관심의 영역이 다르기 때문에 배타적이라고 볼 수 있다.

① ㉠ – ㉣ – ㉡ – ㉢ – ㉤
② ㉠ – ㉣ – ㉤ – ㉢ – ㉡
③ ㉢ – ㉠ – ㉣ – ㉤ – ㉡
④ ㉢ – ㉡ – ㉠ – ㉣ – ㉤

14. 다음 문장과 관련된 속담으로 가장 적절한 것은?

> 그 동네에 있는 레스토랑의 음식은 보기와는 달리 너무 맛이 없었어.

① 보기 좋은 떡이 먹기도 좋다.
② 볶은 콩에 싹이 날까?
③ 빛 좋은 개살구
④ 뚝배기보다 장맛이 좋다.

15. 다음 중 띄어쓰기가 맞는 문장은? (∨는 띄어쓰기 부호)

① 옷∨한벌∨살∨돈이∨없다.
② 큰∨것은∨큰∨것∨대로∨따로∨모아∨둬라.
③ 강아지가∨집을∨나간∨지∨사흘∨만에∨돌아왔다.
④ 이처럼∨희한한∨구경은∨난생∨처음입니다.

16. ㉠~㉣ 중 내포적 의미가 다른 하나는?

> 이것은 소리 없는 아우성
> 저 푸른 ㉠해원(海原)을 향하여 흔드는
> 영원한 노스텔지어의 ㉡손수건
> 순정은 물결같이 바람에 나부끼고
> 오로지 맑고 곧은 이념의 푯대 끝에
> ㉢애수는 백로처럼 날개를 펴다.
> 아! 누구인가?
> 이렇게 슬프고도 애닯은 ㉣마음을
> 맨 처음 공중에 달 줄을 안 그는.
>
> – 유치환, 「깃발」 –

① ㉠   ② ㉡
③ ㉢   ④ ㉣

17. 다음 글과 같은 방식으로 논리를 전개한 것은?

> 진리가 사상의 체계에 있어 제일의 덕이듯이 정의는 사회적 제도에 있어 제일의 덕이다. 하나의 이론은 그것이 아무리 멋지고 간명한 것이라 하더라도 만약 참되지 않다면 거부되거나 수정되어야 한다. 이와 마찬가지로 법과 제도는 그것이 아무리 효율적으로 잘 정비되어 있다고 하더라도 만약 정의롭지 않다면 개혁되거나 폐기되어야 한다.

① 의지의 자유가 없는 사람에게는 책임을 물을 수 없다. 그런데 인간에게는 책임을 물을 수 있다. 그러므로 인간의 의지는 자유롭다고 보아야 한다.

② 여자는 생각하는 것이 남자와 다른 데가 있다. 남자는 미래를 생각하지만 여자는 현재의 상태를 더 소중하게 여긴다. 남자가 모험, 사업, 성 문제를 중심으로 생각한다면 여자는 가정, 사랑, 안정성에 비중을 두어 생각한다.

③ 우리 강아지는 배를 문질러 주면 등을 바닥에 대고 누워 버려. 그리고 정말 기분 좋은 듯한 표정을 짓지. 그런데 내 친구 강아지도 그렇더라고. 아마 모든 강아지가 그런 속성을 가지고 있는 것 같아.

④ 인생은 여행과 같다. 간혹 험난한 길을 만나기도 하고, 예상치 않은 일을 당하기도 한다. 우연히 누군가를 만나고 그들과 관계를 맺기도 한다. 여행을 끝내고 집으로 돌아왔을 때 편안함을 느끼는 것처럼 생을 끝내고 죽음을 맞이할 때 우리는 더없이 편안해질 것이다.

18. 다음의 밑줄 친 부분이 〈보기〉의 ⊙과 가장 유사한 의미로 쓰인 것은?

> 〈보기〉
> 그는 집에 갈 때 자동차를 ⊙ 타지 않고 걸어서 간다.

① 그는 남들과는 다른 비범한 재능을 타고 태어났다.

② 그는 가야금을 발가락으로 탈 줄 아는 재주가 있다.

③ 그는 어릴 적부터 남들 앞에 서면 부끄럼을 잘 탔다.

④ 그는 감시가 소홀한 야밤을 타서 먼 곳으로 갔다.

19. 다음 글의 내용과 시적 상황이 가장 유사한 것은?

> 이때는 추구월망간(秋九月望間)이라. 월색이 명랑하여 남창에 비치고, 공중에 외기러기 응응한 긴 소리로 짝을 찾아 날아가고, 동산의 송림 사이에 두견이 슬피 울어 불여귀를 화답하니, 무심한 사람도 마음이 상하거든 독수공방에 눈물로 세월을 보내는 송이야 오죽할까. 송이가 모든 심사를 저버리고 책상머리에 의지하여 잠깐 졸다가 기러기 소리에 놀라 눈을 뜨고 보니, 남창에 밝은 달 허리에 가득하고 쓸쓸한 낙엽송은 심회를 돕는지라, 잊었던 심사가 다시 가슴에 가득해지며 눈물이 무심히 떨어진다. 송이가 남창을 가만히 열고 달빛을 내다보며 위연탄식하는데,
> "달아, 너는 내 심사를 알리라. 작년 이때 뒷동산 명월 아래 우리 임을 만났더니, 달은 다시 보건마는 임을 어찌 보지 못하는고. 심양강의 탄금녀는 만고문장 백낙천을 달 아래 만날 적에, 설진심중무한사(說盡心中無限事)를 세세히 하였건마는, 나는 어찌 박명하여 명랑한 저 달 아래서 부득설진심중사(不得說盡心中事)하니 가련하지 아니할까. 사람은 없어 말하지 못하나, 차라리 심중사를 종이 위에나 그리리라."
> 하고, 연상을 내어 먹을 흠씬 갈고 청황모 무심필을 듬뿍 풀어 백능화주지를 책상에 펼쳐 놓고, 섬섬옥수로 붓대를 곱게 쥐고 탄식하면서 맥맥이 앉았다가, 고개를 돌려 벽공의 높은 달을 두세 번 우러러보더니, 서두에 '추풍감별곡(秋風感別曲)' 다섯 자를 쓰고, 상사가 생각 되고, 생각이 노래 되고, 노래가 글이 되어 붓끝을 따라오니, 붓대가 쉴 새 없이 쓴다.
> ─ 「채봉감별곡」 중에서 ─

① 임이여 물을 건너지 마오 / 임은 기어이 물을 건너갔네 / 물에 빠져 돌아가시니 / 이제 임이여 어이할꼬.

② 가위로 싹둑싹둑 옷 마르노라 / 추운 밤 열 손가락 모두 굳었네 / 남 위해 시집갈 옷 항상 짓건만 / 해마다 이내 몸은 홀로 잔다네.

③ 펄펄 나는 저 꾀꼬리 / 암수 서로 정다운데 / 외로울사 이내 몸은 / 누구와 함께 돌아갈꼬.

④ 비 개인 긴 언덕에 풀빛 짙은데 / 님 보내는 남포에는 서러운 노래 퍼지네 / 대동강 물은 언제나 마를까 / 이별의 눈물 해마다 푸른 물결 더하니.

20. 괄호 안에 들어갈 내용으로 가장 적절한 것은?

> 인간의 역사는 어떻게 보면 소유사(所有史)처럼 느껴진다. 보다 많은 자기네 몫을 위해 끊임없이 싸우고 있는 것 같다. 소유욕에는 한정도 없고 휴일도 없다. 그저 하나라도 더 많이 갖고자 하는 일념으로 출렁거리고 있다. 물건만으로는 성에 차질 않아 사람까지 소유하려 든다. 그 사람이 제 뜻대로 되지 않을 경우는 끔찍한 비극도 불사하면서. 제정신도 갖지 못한 처지에 남을 가지려 하는 것이다.
> (   ) 그것은 개인뿐 아니라 국가 간의 관계도 마찬가지다. 어제의 맹방들이 오늘에는 맞서게 되는가 하면, 서로 으르렁대던 나라끼리 친선 사절을 교환하는 사례를 우리는 얼마든지 보고 있다. 그것은 오로지 소유(所有)에 바탕을 둔 이해관계 때문이다. 만약 인간의 역사가 소유사에서 무소유사로 그 방향을 바꾼다면 어떻게 될까. 아마 싸우는 일은 거의 없을 것이다. 주지 못해 싸운다는 말은 듣지 못했다.

① 소유의 역사(歷史)는 이제 끝났다.
② 소유욕은 불가역적(不可逆的)이다.
③ 소유욕은 이해(利害)와 정비례한다.
④ 소유욕이 없어진 세상이 올 것이다.

21. 다음 글이 독자에게 웃음을 유발하는 이유를 바르게 설명한 것은?

> 개의 몸에 기생하는 진드기가 있다. 미친 듯이 제 몸을 긁어 대는 개를 붙잡아서 털 속을 헤쳐 보라. 진드기는 머리를 개의 연한 살에 박고 피를 빨아 먹고 산다. 머리와 가슴이 붙어 있는데 어디까지가 배인지 꼬리인지도 분명치 않다. 수컷의 몸길이는 2.5밀리미터, 암컷은 7.5밀리미터쯤으로 핀셋으로 살살 집어내지 않으면 몸이 끊어져 버린다.
> 한번 박은 진드기의 머리는 돌아 나올 줄 모른다. 죽어도 안으로 파고들다가 죽는다. 나는 그 광경을 '몰두(沒頭)'라고 부르려 한다.
> 　　　　　　　　　　　　　　 − 성석제, 「몰두」 중에서 −

① 소리는 같지만 뜻은 전혀 다른 두 단어를 의도적으로 혼란스럽게 섞어 사용해서
② 일반적으로 예상되는 사건 대신 아주 엉뚱한 사건을 전개해서
③ 묘사하는 대상의 우스꽝스러운 생태를 충분한 거리를 유지한 채 객관적으로 전달해서
④ 어떤 단어를 보통 쓰이는 의미 대신 글자 그대로의 의미로 짐짓 받아들여서

22. 다음 글의 제목으로 가장 적절한 것은?

> 어느 대학의 심리학 교수가 그 학교에서 강의를 재미없게 하기로 정평이 나 있는, 한 인류학 교수의 수업을 대상으로 실험을 계획했다. 그 심리학 교수는 인류학 교수에게 이 사실을 철저히 비밀로 하고, 그 강의를 수강하는 학생들에게만 사전에 몇 가지 주의 사항을 전달했다. 첫째, 그 교수의 말 한 마디 한 마디에 주의를 집중하면서 열심히 들을 것. 둘째, 얼굴에는 약간 미소를 띠면서 눈을 반짝이며 고개를 끄덕이기도 하고 간혹 질문도 하면서 강의가 매우 재미있다는 반응을 겉으로 나타내며 들을 것.
> 한 학기 동안 계속된 이 실험의 결과는 흥미로웠다. 우선 재미없게 강의하던 그 인류학 교수는 줄줄 읽어 나가던 강의 노트에서 드디어 눈을 떼고 학생들과 시선을 마주치기 시작했고 가끔씩은 한두 마디 유머 섞인 농담을 던지기도 하더니, 그 학기가 끝날 즈음엔 가장 열의 있게 강의하는 교수로 면모를 일신하게 되었다. 더욱 더 놀라운 것은 학생들의 변화였다. 처음에는 실험 차원에서 열심히 듣는 척하던 학생들이 이 과정을 통해 정말로 강의에 흥미롭게 참여하게 되었고, 나중에는 소수이긴 하지만 아예 전공을 인류학으로 바꾸기로 결심한 학생들도 나오게 되었다.

① 학생 간 의사소통의 중요성
② 교수 간 의사소통의 중요성
③ 언어적 메시지의 중요성
④ 공감하는 듣기의 중요성

23. 다음 글의 중심 내용을 고려할 때, 글쓴이의 의도에 부합하는 반응으로 가장 옳은 것은?

> 경제의 글로벌화가 진행되는 과정에서 다양성이 증대되었다고 생각하기가 쉽다. 체계적 국제 운송 및 통신 시스템의 도입으로 타 문화권에서 생산된 다양한 상품들과 식품들을 한데 모을 수 있을 것 같아 보이기 때문이다. 그러나 이렇게 다채로운 문화의 경험을 원활하게 만드는 바로 그 시스템이 실제로는 그런 다양성을 깨끗이 지워버리는 한편, 세계 전역에 걸쳐 지역마다의 문화적 특성까지도 말살하고 있다. 링곤베리와 파인애플 주스는 코카콜라에, 모직과 면으로 된 옷들은 청바지에, 고원에서 자라던 토종 소들은 저지 젖소에게 그 자리를 내주었다. 다양성이란 것은 한 회사에서 만든 열 가지의 청바지 중에 어느 것을 고를까 하는 문제가 절대 아니다.

① 지역 특산의 사과 품종을 굳이 보존할 필요가 없겠군.
② 글로벌 경제 시스템은 다양성 보존과는 거리가 있군.
③ 될 수 있으면 다국적 기업의 청바지를 사 입어야겠군.
④ 국제 운송 시스템은 지역 문화의 다양성을 증진시켰군.

24. 다음 글을 통해서 답을 찾을 수 없는 질문은?

해안에서 밀물에 의해 해수가 해안선에 제일 높게 들어온 곳과 썰물에 의해 제일 낮게 빠진 곳의 사이에 해당하는 부분을 조간대라고 한다. 지구상에서 생물이 살기에 열악한 환경 중 한 곳이 바로 이 조간대이다. 이곳의 생물들은 물에 잠겨 있을 때와 공기 중에 노출될 때라는 상반된 환경에 삶을 맞춰야 한다. 또한 갯바위에 부서지는 파도의 파괴력도 견뎌내야 한다. 또한 빗물이라도 고이면 민물이라는 환경에도 적응해야 하며, 강한 햇볕으로 바닷물이 증발하고 난 다음에는 염분으로 범벅된 몸을 추슬러야 한다. 이러한 극단적이고 변화무쌍한 환경에 적응할 수 있는 생물만이 조간대에서 살 수 있다.

조간대는 높이에 따라 상부, 중부, 하부로 나뉜다. 바다로부터 가장 높은 곳인 상부는 파도가 강해야만 물이 겨우 닿는 곳이다. 그래서 조간대 상부에 사는 생명체는 뜨거운 태양열을 견뎌내야 한다. 중부는 만조 때에는 물에 잠기지만 간조 때에는 공기 중에 노출되는 곳이다. 그런데 물이 빠져 공기 중에 노출되었다 해도 파도에 의해 어느 정도의 수분은 공급된다. 가장 아래에 위치한 하부는 간조시를 제외하고는 항상 물에 잠겨 있다. 땅위 환경의 영향을 적게 받는다는 점에선 다소 안정적이긴 해도 파도의 파괴력을 이겨내기 위해 강한 부착력을 지녀야 한다는 점에서 생존이 쉽지 않은 곳이다.

조간대에 사는 생물들은 불안정하고 척박한 바다 환경에 적응하기 위해 높이에 따라 수직으로 종이 분포한다. 조간대를 찾았을 때 총알고둥류와 따개비들을 발견했다면 그곳이 조간대에서 물이 가장 높이 올라오는 지점인 것이다. 이들은 상당 시간 물 밖에 노출되어도 수분 손실을 막기 위해 패각과 덮개 판을 꼭 닫은 채 물이 밀려올 때까지 버텨낼 수 있다.

① 조간대에서 총알고둥류가 사는 곳은 어느 지점인가?
② 조간대의 중부에 사는 생물에는 어떠한 것이 있는가?
③ 조간대에서 높이에 따라 생물의 종이 수직으로 분포하는 이유는 무엇인가?
④ 조간대에 사는 생물들이 견뎌야 하는 환경적 조건에는 어떠한 것이 있는가?

25. 문맥상 다음 ㉠에 들어갈 문장으로 가장 적절한 것은?

인간의 역사가 발전과 변화의 가능성을 내포하고 있는 반면, 자연사는 무한한 반복 속에서 반복을 반복할 뿐이다. 그런데 마르크스는 「1844년의 경제학 철학 수고」 말미에, "역사는 인간의 진정한 자연사이다"라고 적은 바 있다. 또한 인간의 활동에 대립과 통일이 있듯이, 자연의 내부에서도 대립과 통일은 존재한다. (㉠) 마르크스의 진의(眞意) 또한 인간의 역사와 자연사의 변증법적 지양과 일여(一如)한 합일을 지향했다는 것에 있을 것이다.

① 즉 인간과 자연은 상호 간에 필연적으로 경쟁할 수밖에 없다.
② 따라서 인간의 역사와 자연의 역사를 이분법적 대립 구도로 파악하는 것은 위험하다.
③ 즉 자연이 인간의 세계에 흡수·통합됨으로써 인간의 역사가 시작된다.
④ 그러나 인간사를 연구하는 일은 자연사를 연구하는 일보다 많은 노력이 요구된다.

1. 사인(私人)의 공법행위에 대한 설명 중 옳지 않은 것은?

① 공법적 효과를 가져오는 사인의 행위를 말한다.

② 사인의 행위만으로 공법적 효과를 가져오는 것과 국가나 지방자치단체의 행위의 전제요건이 되는 것으로 구분할 수 있다.

③ 전입신고자가 거주의 목적 외에 다른 이해관계에 관한 의도를 가지고 있는지도 전입신고 수리여부 심사 시 고려하여야 한다.

④ 수리를 요하는 신고에서의 수리와 허가제의 허가는 구별되는 개념이다.

2. 행정계획에 대한 설명으로 옳은 것은?

① 계획법규범은 목표는 제시하지만 그 목표실현을 위한 수단은 구체적으로 제시하지 않는 목적프로그램의 형식을 취하는 것을 특징으로 한다.

② 판례는 원칙적으로 계획보장청구권을 인정하고 있다.

③ 헌법재판소에 의하면, 국민의 기본권에 직접적으로 영향을 끼치고 법령의 뒷받침에 의해 실시될 것이라고 예상될 수 있다 하더라도 비구속적 행정계획안은 헌법소원의 대상이 될 수 없다.

④ 대법원에 의하면, 장래 일정한 기간 내에 관계 법령이 규정하는 시설 등을 갖추어 일정한 행정처분을 구하는 신청을 할 수 있는 법률상 지위에 있는 자에게도 구 「국토이용관리법」상의 국토이용계획의 변경을 신청할 권리는 인정되지 않는다.

3. 재량권의 한계에 대한 설명으로 옳은 것은?

① 재량권의 일탈이란 재량권의 내적 한계를 벗어난 것을 말하고, 재량권의 남용이란 재량권의 외적 한계를 벗어난 것을 말한다.

② 판례는 재량권의 일탈과 재량권의 남용을 명확히 구분하고 있다.

③ 재량권의 불행사에는 재량권을 충분히 행사하지 아니한 경우는 포함되지 않는다.

④ 개인의 신체, 생명 등 중요한 법익에 급박하고 현저한 침해의 우려가 있는 경우 재량권이 영으로 수축된다.

4. 행정상 입법에 관한 설명으로 옳지 않은 것은? (다툼이 있는 경우 판례에 의함)

① 국가보훈처장 · 인사혁신처장과 같은 국무총리 직속기관은 부령제정권을 가진다.

② 헌법이 인정하고 있는 위임입법의 형식은 예시적이라는 것이 헌법재판소의 견해이다.

③ 상위법령의 시행에 관하여 필요한 절차 및 형식에 관한 사항을 규정하는 집행명령은 상위법령의 명시적 수권이 없는 경우에도 발할 수 있다.

④ 위임명령의 경우에는 법률유보원칙이 적용된다.

5. 통고처분에 대한 설명으로 옳은 것은? (다툼이 있는 경우 판례에 의함)

① 「조세범 처벌절차법」에 근거한 범칙자에 대한 세무관서의 통고처분은 행정소송의 대상이 되는 행정처분이다.

② 법률에 따라 통고처분을 할 수 있으면 행정청은 통고처분을 하여야 하며, 통고처분 이외의 조치를 취할 재량은 없다.

③ 행정법규 위반자가 법정기간 내에 통고처분에 의해 부과된 금액을 납부하지 않으면 「비송사건절차법」에 의해 처리된다.

④ 행정법규 위반자가 통고처분에 의해 부과된 금액을 납부하면 과벌절차가 종료되며 동일한 사건에 대하여 다시 처벌받지 아니한다.

6. 법률유보에 대한 설명으로 옳지 않은 것은? (다툼이 있는 경우 판례에 의함)

① 헌법재판소는 텔레비전방송수신료는 국민의 기본권실현에 관련된 영역에 속하고, 수신료금액의 결정은 납부의무자의 범위 등과 함께 수신료에 관한 본질적인 중요한 사항이라고 판단한 바 있다.

② 헌법재판소는 국민의 헌법상 기본권 및 기본의무와 관련된 중요한 사항 내지 본질적인 내용에 대한 정책형성기능은 원칙적으로 주권자인 국민에 의하여 선출된 대표자들로 구성되는 입법부가 담당하여 법률의 형식으로 이를 수행하는 것이 필요하다는 입장이다.

③ 헌법재판소는 구 「토지초과이득세법」상의 기준시가는 국민의 납세의무의 성부(成否) 및 범위와 직접적인 관계를 가지고 있는 중요한 사항임에도 불구하고 해당 내용을 법률에 규정하지 않고 하위법령에 위임한 것은 헌법 제75조에 반한다고 판단한 바 있다.

④ 법률유보의 적용범위는 행정의 복잡화와 다기화, 재량행위의 확대에 따라 과거에 비해 점차 축소되고 있으며 이러한 경향에 따라 헌법재판소는 행정유보의 입장을 확고히 하고 있다.

7. 행정소송에 대한 설명으로 옳지 않은 것은? (다툼이 있는 경우 판례에 의함)

① 재량행위의 경우 법원은 독자의 결론을 도출함이 없이 당해 행위에 재량권의 일탈·남용이 있는지의 여부만을 심사한다.

② 사정판결을 하는 경우 처분의 위법성은 변론종결시를 기준으로 판단하여야 한다.

③ 조례가 집행행위의 개입 없이도 그 자체로서 직접 국민의 구체적인 권리·의무나 법적 이익에 영향을 미치는 경우에는 항고소송의 대상이 된다.

④ 취소소송의 기각판결이 확정되면 기판력은 발생하나 기속력은 발생하지 않는다.

8. 행정법상 시효제도에 대한 설명으로 옳은 것은? (다툼이 있는 경우 판례에 의함)

① 「국유재산법」상 일반재산은 취득시효의 대상이 될 수 없다.

② 「국가재정법」상 5년의 소멸시효가 적용되는 '금전의 급부를 목적으로 하는 국가의 권리'에는 국가의 사법(私法)상 행위에서 발생한 국가에 대한 금전채무도 포함된다.

③ 조세에 관한 소멸시효가 완성된 후에 부과된 조세부과처분은 위법한 처분이지만 당연무효라고 볼 수는 없다.

④ 납입고지에 의한 소멸시효의 중단은 그 납입고지에 의한 부과처분이 추후 취소되면 효력이 상실된다.

9. 행정상 손실보상에 대한 설명으로 옳지 않은 것은?

① 민간기업을 토지수용의 주체로 정한 법률조항도 헌법 제23조 제3항에서 정한 '공공필요'를 충족하면 헌법에 위반되지 아니한다.

② 수용대상 토지의 보상가격이 당해 토지의 개별공시지가를 기준으로 하여 산정한 것보다 저렴하게 되었다는 사정만으로 그 보상액 산정이 위법한 것은 아니다.

③ 공익사업의 시행으로 지가가 상승하여 발생한 개발이익을 손실보상금액에 포함시키지 않더라도 헌법이 규정한 정당보상의 원리에 어긋나는 것은 아니다.

④ 토지소유자가 손실보상금의 액수를 다투고자 할 경우에는 사업시행자가 아니라 토지수용위원회를 상대로 보상금의 증액을 구하는 소송을 제기하여야 한다.

10. 행정상 강제징수에 관한 설명으로 옳지 않은 것은?

① 행정상의 금전급부의무를 이행하지 않는 경우를 대상으로 한다.

② 독촉만으로는 시효중단의 효과가 발생하지 않는다.

③ 매각은 원칙적으로 공매에 의하나 예외적으로 수의계약에 의할 수도 있다.

④ 판례에 따르면 공매행위는 행정행위에 해당된다.

11. 행정벌에 대한 설명으로 옳은 것은? (다툼이 있는 경우 판례에 의함)

① 종업원 등의 범죄에 대해 법인에게 어떠한 잘못이 있는지를 전혀 묻지 않고, 곧바로 그 종업원 등을 고용한 법인에게도 종업원 등에 대한 처벌조항에 규정된 벌금형을 과하도록 규정하는 것은 책임주의에 반한다.

② 행정벌과 이행강제금은 장래에 의무의 이행을 강제하기 위한 제재로서 직접적으로 행정작용의 실효성을 확보하기 위한 수단이라는 점에서는 동일하다.

③ 「질서위반행위규제법」상 개인의 대리인이 업무에 관하여 그 개인에게 부과된 법률상의 의무를 위반한 때에는 행위자인 대리인에게 과태료를 부과한다.

④ 일반형사소송절차에 앞선 절차로서의 통고처분은 그 자체로 상대방에게 금전납부의무를 부과하는 행위로서 항고소송의 대상이 된다.

12. 행정소송에 있어 기속행위와 재량행위의 구별에 대한 설명으로 옳은 것은? (다툼이 있는 경우 판례에 의함)

① 기속행위의 경우에는 절차상의 하자만으로 독립된 취소사유가 될 수 없으나, 재량행위의 경우에는 절차상의 하자만으로도 독립된 취소사유가 된다.

② 기속행위의 경우에는 소송의 계속 중에 처분사유를 추가·변경할 수 있으나, 재량행위의 경우에는 처분사유의 추가·변경이 허용되지 않는다.

③ 실체적 위법을 이유로 거부처분을 취소하는 판결이 확정된 경우, 해당 행정행위가 기속행위이든 재량행위이든 원고의 신청을 인용하여야 할 의무가 발생하는 점에서는 동일하다.

④ 과징금 감경 여부는 과징금 부과 관청의 재량에 속하는 것이므로, 과징금 부과 관청이 이를 판단함에 있어서 재량권을 일탈·남용하여 과징금 부과처분이 위법하다고 인정될 경우, 법원으로서는 법원이 적정하다고 인정되는 부분을 초과한 부분만 취소할 수는 없다.

13. 다음 중 단계별 행정행위에 관한 판례의 태도로서 가장 옳지 않은 것은?

① 폐기물처리업에 대하여 관할 관청의 사전 적정통보를 받고 막대한 비용을 들여 허가요건을 갖춘 다음 허가신청을 하였음에도 청소업자의 난립으로 효율적인 청소업무의 수행에 지장이 있다는 이유로 한 불허가처분이 신뢰보호의 원칙에 반하여 재량권을 남용한 위법한 처분이다.

② 폐기물처리업 사업계획에 대하여 적정통보를 한 것만으로 그 사업부지 토지에 대한 국토이용계획변경신청을 승인하여 주겠다는 취지의 공적인 견해표명을 한 것으로 볼 수 없다.

③ 행정청이 내인가를 한 다음 이를 취소하는 행위는 인가신청을 거부하는 처분으로 보아야 한다.

④ 구 「주택건설촉진법」에 의한 주택건설사업계획 사전결정이 있는 경우 주택건설계획 승인 처분은 사전결정에 기속되므로 다시 승인 여부를 결정할 수 없다.

14. 행정행위의 부관에 대한 설명으로 옳지 않은 것은? (다툼이 있는 경우 판례에 의함)

① 행정청이 행정행위에 부가한 부관과 달리 법령이 직접 행정행위의 조건을 정한 경우에 그 조건이 위법하면 이는 법률 및 법규명령에 대한 통제제도에 의해 통제된다.

② 행정청이 행정처분을 하기 이전에 행정행위의 상대방과 협의하여 의무의 내용을 협약의 형식으로 정한 다음에 행정처분을 하면서 그 의무를 부과하는 것은 부담이라고 할 수 없다.

③ 철회권이 유보된 경우에도 철회의 제한이론인 이익형량의 원칙이 적용되나, 행정행위의 계속성에 대한 상대방의 신뢰는 유보된 철회사유에 대해서는 인정되지 않는다.

④ 허가에 붙은 기한이 그 허가된 사업의 성질상 부당하게 짧은 경우, 이를 그 허가 자체의 존속기간이 아니라 그 허가조건의 존속기간으로 볼 수 있다.

15. 행정심판에 대한 설명으로 옳은 것은? (다툼이 있는 경우 판례에 의함)

① 행정심판의 재결이 확정되면 피청구인인 행정청을 기속하는 효력이 있고 그 처분의 기초가 된 사실관계나 법률적 판단이 확정되므로 이후 당사자 및 법원은 이에 모순되는 주장이나 판단을 할 수 없다.

② 행정심판에서는 항고소송에서와 달리 처분청이 당초 처분의 근거로 삼은 사유와 기본적 사실관계가 동일성이 인정되지 않는 다른 사유를 처분사유로 추가하거나 변경할 수 있다.

③ 행정심판의 대상과 관련되는 권리나 이익을 양수한 특정승계인은 행정심판위원회의 허가를 받아 청구인의 지위를 승계할 수 있다.

④ 종중이나 교회와 같은 비법인사단은 사단 자체의 명의로 행정심판을 청구할 수 없고 대표자가 청구인이 되어 행정심판을 청구하여야 한다.

16. 「행정조사기본법」상 행정조사에 대한 설명으로 옳은 것은?

① 행정조사를 행하는 행정기관에는 법령 및 조례·규칙에 따라 행정권한이 있는 기관뿐만 아니라 그 권한을 위임 또는 위탁받은 법인·단체 또는 그 기관이나 개인이 포함된다.

② 「행정조사기본법」은 행정조사 실시를 위한 일반적인 근거규범으로서 행정기관은 다른 법령 등에서 따로 행정조사를 규정하고 있지 않더라도 「행정조사기본법」을 근거로 행정조사를 실시할 수 있다.

③ 조사대상자가 조사대상 선정기준에 대한 열람을 신청한 경우에 행정기관은 그 열람이 당해 행정조사업무를 수행할 수 없을 정도로 조사활동에 지장을 초래한다는 이유로 열람을 거부할 수 없다.

④ 정기조사 또는 수시조사를 실시한 행정기관의 장은 조사대상자의 자발적인 협조를 얻어 실시하는 경우가 아닌 한, 동일한 사안에 대하여 동일한 조사대상자를 재조사하여서는 아니 된다.

17. 행정행위의 하자승계에 대한 설명으로 가장 옳지 않은 것은?

① 위법한 개별공시지가결정에 대하여 그 정해진 시정절차를 통하여 시정하도록 요구하지 아니하였다는 이유로 위법한 개별공시지가를 기초로 한 과세처분 등 후행 행정처분에서 개별공시지가결정의 위법을 주장할 수 없도록 하는 것은 수인한도를 넘는 불이익을 강요하는 것이다.

② 사업시행계획과 관리처분계획은 서로 독립하여 별개의 법적 효과를 발생시키는 것으로서 사업시행계획의 수립에 관한 취소사유인 하자가 관리처분계획에 승계되지 아니한다.

③ 대집행의 계고, 대집행영장에 의한 통지, 대집행의 실행, 대집행비용의 납부명령은 동일한 행정목적을 달성하기 위하여 일련의 절차로 연속하여 행하여지는 것으로서, 서로 결합하여 하나의 법률효과를 발생시키는 것이다.

④ 선행처분과 후행처분이 서로 독립하여 별개의 법률효과를 목적으로 하는 경우에 선행처분이 당연무효의 하자가 있다는 이유로 후행처분의 효력을 다툴 수 없다.

18. 「행정심판법」상 행정심판에 대한 설명으로 옳지 않은 것은? (다툼이 있는 경우 판례에 의함)

① 대통령의 처분 또는 부작위에 대하여는 다른 법률에서 행정심판을 청구할 수 있도록 정한 경우 외에는 행정심판을 청구할 수 없다.

② 당사자의 신청에 대한 행정청의 부당한 거부처분에 대하여 일정한 처분을 하도록 하는 행정심판의 청구는 현행법상 허용되고 있다.

③ 「행정심판법」에 따른 서류의 송달에 관하여는 「행정절차법」 중 송달에 관한 규정을 준용한다.

④ 행정심판 청구인이 경제적 능력으로 인해 대리인을 선임할 수 없는 경우에는 행정심판위원회에 국선대리인을 선임하여 줄 것을 신청할 수 있다.

19. 행정소송의 당사자에 대한 설명으로 옳지 않은 것은? (다툼이 있는 경우 판례에 의함)

① 대리기관이 대리관계를 표시하고 피대리 행정청을 대리하여 행정처분을 한 때에는 피대리 행정청이 피고로 되어야 한다.

②「국가공무원법」에 따른 처분, 그 밖에 본인의 의사에 반한 불리한 처분이나 부작위에 관한 행정소송을 제기할 때에 대통령의 처분 또는 부작위의 경우에는 소속 장관을 피고로 한다.

③ 약제를 제조 · 공급하는 제약회사는 보건복지부 고시인「약제 급여 · 비급여 목록 및 급여 상한금액표」중 약제의 상한금액 인하 부분에 대하여 그 취소를 구할 원고적격이 있다.

④ 개발제한구역 안에서의 공장설립을 승인한 처분이 위법하다는 이유로 쟁송취소되었다면, 설령 그 승인처분에 기초한 공장건축허가처분이 잔존하는 경우에도 인근 주민들에게는 공장건축허가처분의 취소를 구할 법률상 이익이 없다.

20. 〈보기〉의 행정상 법률관계 중 행정소송의 대상이 되는 경우만을 모두 고른 것은?

〈보기〉
㉠「지방재정법」에 따라 지방자치단체가 당사자가 되어 체결하는 계약에 있어 계약보증금의 귀속조치
㉡ 국유재산의 무단점유자에 대한 변상금의 부과
㉢ 시립무용단원의 해촉
㉣ 행정재산의 사용 · 수익허가 신청의 거부

① ㉠, ㉢   ② ㉡, ㉣
③ ㉠, ㉢, ㉣   ④ ㉡, ㉢, ㉣

21. 항고소송의 대상이 되는 처분에 해당하는 것은? (다툼이 있는 경우 판례에 의함)

①「행정대집행법」상 2차, 3차 계고처분
② 한국마사회의 기수에 대한 징계처분
③ 어업권면허에 선행하는 우선순위결정
④「폐기물관리법」상의 사업계획서 부적정통보

22. 기속행위와 재량행위에 관한 설명으로 옳지 않은 것은? (다툼이 있는 경우 판례에 의함)

① 재량행위에 대한 사법심사의 경우 법원은 행정청의 재량에 기한 공익판단의 여지를 감안하여 독자의 결론을 도출함이 없이 당해 행위에 재량권의 일탈 · 남용이 있는지 여부만을 심사한다.

② 기속행위와 재량행위의 구분은 당해 행위의 근거가 된 법규의 체재 · 형식과 그 문언, 당해 행위가 속하는 행정 분야의 주된 목적과 특성, 당해 행위 자체의 개별적 성질과 유형 등을 모두 고려하여 판단하여야 한다.

③ 주택재건축사업시행의 인가는 상대방에게 권리나 이익을 부여하는 효과를 가진 이른바 수익적 행정처분으로서 법령에 행정처분의 요건에 관하여 일의적으로 규정되어 있지 아니한 이상 행정청의 재량행위에 속한다.

④ "경찰공무원의 채용시험 또는 경찰간부후보생 공개경쟁선발 시험에서 부정행위를 한 응시자에 대하여는 당해 시험을 정지 또는 무효로 하고, 그로부터 5년간 이 영에 의한 시험에 응시할 수 없게 한다."라고 규정한 경찰공무원임용령 제46조 제1항은 그 수권형식과 내용에 비추어 이는 행정청 내부의 사무처리기준을 정한 재량준칙에 해당한다.

23. 행정법에 대한 설명으로 옳지 않은 것은?

① 대륙법계는 공법과 사법(私法)의 구별을 강조하면서 행정사건은 사법(司法)법원이 아닌 별도의 법원(재판소)의 관할에 속하도록 하고 있다.

② 프랑스에서 행정법원(재판소, Conseil d'Etat)이 출범하게 된 배경은 대혁명 이후 행정사건에 대한 사법(司法)법원의 간섭을 배제하기 위한 필요성과 관련이 있다.

③ 공법과 사법(私法)의 구별을 강조하지 않는 영미법계 국가에서는 오늘날 행정법의 특수성은 인정되지 않으며 행정기관의 결정에 대한 재판권은 통상의 사법(司法)법원이 행사한다.

④ 우리나라의 행정법은 전통적으로 대륙법계의 영향을 받아 행정에 특유한 공법으로서의 성격을 강조하고 있으면서도 행정사건은 별도의 행정법원(재판소)이 아닌 사법(司法)법원의 관할에 속한다.

24. 행정규칙에 대한 설명으로 옳지 않은 것은? (다툼이 있는 경우 판례에 의함)

① 서울특별시가 정한 개인택시운송사업면허지침은 재량권 행사의 기준으로 설정된 행정청의 법규명령에 해당한다.

② 교육부장관의 내신성적 산정지침은 행정조직의 내부적 심사기준을 시달한 것에 불과하므로 처분성이 인정되지 않는다.

③ 구 노인복지법 및 같은 법 시행령은 65세 이상인 자에게 노령수당의 지급을 규정하고 있는데, 같은 법 시행령의 위임에 따라 보건사회부장관이 정한 70세 이상의 보호대상자에게만 노령수당을 지급하는 1994년도 노인복지사업지침은 법규명령의 성질을 가진다.

④ 법령보충적 행정규칙은 상위법령과 결합하여 그 위임한계를 벗어나지 아니하는 범위 내에서 상위법령의 일부가 됨으로써 대외적 구속력을 발생한다.

25. 기속행위와 재량행위에 관한 설명으로 옳지 않은 것은? (다툼이 있는 경우 판례에 의함)

① 산림형질변경허가 시 법령상의 금지 또는 제한지역에 해당하지 않더라도 국토 및 자연의 유지와 상수원 수질과 같은 환경의 보전 등을 위한 중대한 공익상의 필요가 있을 경우 그 허가를 거부할 수 있다.

② 재량행위의 경우 법원은 독자의 결론을 도출함이 없이 당해 행위에 재량권의 일탈·남용이 있는지 여부만을 심사하게 된다.

③ 법률에서 정한 귀화 요건을 갖춘 귀화신청인에 대한 법무부장관의 귀화 허가는 기속행위로 본다.

④ 행정청의 재량에 속하는 처분이라도 재량권의 한계를 넘거나 그 남용이 있는 때에는 법원은 이를 취소할 수 있다.

✏️ **행정학**

1. 무의사결정(non-decision making)에 대한 설명으로 옳지 않은 것은?

① 사회문제에 대해 정책과정이 진행되지 못하게 막는 행동이다.

② 무의사결정을 위해 지배적인 가치, 신념, 미신 등을 내세우는 방법이 사용된다.

③ 엘리트 이론의 관점을 반영하는 것이다.

④ 가치의 재배분을 추구하는 사람들에게 유리하게 작용한다.

2. '국·공립학교를 통한 교육서비스의 제공'은 로위(T. J. Lowi)의 정책유형 중 어느 정책에 해당하는가?

① 배분정책   ② 규제정책

③ 재분배정책   ④ 구성정책

3. 경영과 구분되는 행정의 속성이라고 보기 어려운 것은?

① 행정은 사익이 아닌 공익을 우선적으로 추구한다.

② 행정은 모든 시민을 평등하게 대우하여야 한다.

③ 행정조직 구성원은 원칙상 법령에 의해 신분이 보장된다.

④ 행정은 효과적인 업무수행을 위해 관리성이 강조된다.

4. 베버(Weber)의 관료제 모형을 설명한 것으로 옳지 않은 것은?

① 조직이 바탕으로 삼는 권한의 유형을 전통적 권한, 카리스마적 권한, 법적·합리적 권한으로 나누었다.

② 직위의 권한과 관할범위는 법규에 의하여 규정된다.

③ 인간적 또는 비공식적 요인의 중요성을 간과하였다.

④ 관료제의 긍정적인 측면으로 목표대치 현상을 강조하였다.

5. 성과의 측정은 투입(input)지표, 산출(output)지표, 성과(outcome)지표, 영향(impact)지표 등을 통하여 이루어진다. 아래의 사례에서 성과지표에 해당하는 것은?

> 고용노동부에서는 2013년도에 10억 원의 예산을 투입하여 강사 50명을 채용하고, 200명의 교육생에게 연 300시간의 직업교육을 실시하였다. 교육 이수 후 200명 중에서 50명이 취업하였으며, 이를 통하여 국가경쟁력이 3% 제고되었다.

① 10억 원의 예산
② 200명의 교육생
③ 연 300시간의 교육
④ 50명의 취업

6. 신공공서비스론의 기본원칙에 대한 설명으로 옳지 않은 것은?

① 관료역할의 중요성은 시민들로 하여금 그들의 공유된 가치를 표명하고 그것을 충족시킬 수 있도록 도와주는 데 있다.
② 관료들은 시장에만 주의를 기울여서는 안 되며 헌법과 법령, 지역사회의 가치, 시민의 이익에도 관심을 기울여야 한다.
③ 예산지출 위주의 정부 운영 방식에서 탈피하여 수입 확보의 개념을 활성화하는 것이 필요하다.
④ 공공의 욕구를 충족시키기 위한 정책은 집합적 노력과 협력적 과정을 통해 효과적으로 달성될 수 있다.

7. 통계적 결론의 타당성 확보에 있어서 발생할 수 있는 오류와 그에 대한 설명을 바르게 연결한 것은?

> ㉠ 정책이나 프로그램의 효과가 실제로 발생하였음에도 불구하고 통계적으로 효과가 나타나지 않은 것으로 결론을 내리는 경우
> ㉡ 정책의 대상이 되는 문제 자체에 대한 정의를 잘못 내리는 경우
> ㉢ 정책이나 프로그램의 효과가 실제로 발생하지 않았음에도 불구하고 통계적으로 효과가 나타난 것으로 결론을 내리는 경우

	제1종 오류	제2종 오류	제3종 오류
①	㉠	㉡	㉢
②	㉠	㉢	㉡
③	㉡	㉠	㉢
④	㉢	㉠	㉡

8. 윌슨(J. Q. Wilson)은 정부 규제로부터 감지되는 비용과 편익의 분포에 따라 규제정치를 아래 표와 같이 네 가지 유형으로 구분했다. ㉠~㉣에 들어갈 유형의 명칭과 그 사례의 연결이 가장 적합한 것은?

구분		감지된 편익	
		넓게 분산	좁게 집중
감지된 비용	넓게 분산	㉠	㉡
	좁게 집중	㉢	㉣

① ㉠ 대중적 정치 – 각종 위생 및 안전 규제
② ㉡ 고객정치 – 수입 규제
③ ㉢ 기업가적 정치 – 낙태 규제
④ ㉣ 이익집단정치 – 농산물에 대한 최저가격 규제

9. 다음 중 소규모 자치행정 구역을 지지하는 논리로 맞는 것을 모두 고른 것은?

> ㉠ 티부(Tiebout) 모형을 지지하는 공공선택이론가들의 관점
> ㉡ 새뮤얼슨(Samuelson)의 공공재 공급 이론
> ㉢ 지역격차의 완화에 공헌
> ㉣ 주민과 지방정부 간의 소통·접촉 기회 증대

① ㉠, ㉢
② ㉠, ㉣
③ ㉡, ㉢
④ ㉡, ㉣

10. 우리나라의 지방자치제에 대한 설명으로 옳지 않은 것은?

① 지방자치단체의 기관구성에 있어 기관대립형 구조를 채택하고 있다.
② 주민투표제, 조례 제정·개폐 청구, 주민감사청구, 주민소송제 등을 통해 주민참여를 보장하고 있다.
③ 지방자치단체가 지방고유사무와 관련된 영역에 한해 법령의 근거 없이 스스로 세목을 개발하고 지방세를 부과·징수할 수 있다.
④ 지역 간 재정 형평성을 확보하기 위해 지방재정조정제도를 운영하고 있다.

11. 정책커뮤니티와 이슈네트워크를 비교한 것으로 옳지 않은 것은?

① 네트워크 내 자원배분과 관련하여 정책커뮤니티는 근본적인 관계가 교환관계이고 모든 참여자가 자원을 보유하고 있으나, 이슈네트워크는 근본적인 관계가 제한적 합의이고 어떤 참여자는 자원보유가 한정적이다.

② 참여자 수와 관련하여 정책커뮤니티는 극히 제한적이며 의식적으로 일부 집단의 참여를 배제하기도 하나, 이슈네트워크는 개방적이며 다양한 행위자들이 참여한다.

③ 이익의 종류와 관련하여 정책커뮤니티는 경제적 또는 전문직업적 이익이 지배적이나, 이슈네트워크는 관련된 모든 이익이 망라된다.

④ 합의와 관련하여 정책커뮤니티는 어느 정도의 합의는 있으나 항상 갈등이 있고, 이슈네트워크는 모든 참여자가 기본적인 가치관을 공유하며 성과의 정통성을 수용한다.

12. 계층제에 대한 설명으로 옳지 않은 것은?

① 조직의 수직적 분화가 많이 이루어졌을 때 고층구조라 하고 수직적 분화가 적을 때 저층구조라 한다.

② 조직 내의 권한과 책임 및 의무의 정도가 상하의 계층에 따라 달라지도록 조직을 설계하는 것을 말한다.

③ 조직에서 지휘명령 등 의사소통, 특히 상의하달의 통로가 확보되는 순기능이 있다.

④ 엄격한 명령계통에 따라 상명하복의 관계 유지를 위해서는 통솔 범위를 넓게 설정한다.

13. 다음 예산의 원칙 중 스미스(H. Smith)가 주장한 현대적 예산의 원칙은?

① 예산은 미리 결정되어 회계연도가 시작되면 바로 집행할 수 있도록 해야 한다.

② 예산의 편성, 심의, 집행은 공식적인 형식을 가진 재정보고 및 업무 보고에 기초를 두어야 한다.

③ 모든 예산은 공개되어야 한다.

④ 예산구조나 과목은 국민들이 이해하기 쉽게 단순해야 한다.

14. 「국가공무원법」상 징계의 내용과 효력을 바르게 설명한 것은?

① 강등은 1계급 아래로 직급을 내리고 공무원의 신분은 보유하나 3개월간 직무에 종사하지 못하며 그 기간 중 보수의 3분의 2를 감한다.

② 정직은 1개월 이상 3개월 이하의 기간으로 하고, 정직 처분을 받은 자는 그 기간 중 공무원의 신분은 보유하나 직무에 종사하지 못하며 보수의 3분의 2를 감한다.

③ 감봉은 1개월 이상 3개월 이하의 기간 동안 보수의 3분의 2를 감한다.

④ 파면 처분을 받은 때부터 5년이 지나지 아니하면 공무원으로 임용될 수 없다.

15. 중앙과 지방의 권한배분에 대한 설명으로 옳지 않은 것은?

① 지방분권 및 지방행정체제 개편을 추진하기 위하여 국무총리 소속으로 지방자치발전위원회를 둔다.

② 국가는 지방자치단체에 이양한 권한 및 사무가 원활히 처리될 수 있도록 행정적·재정적 지원을 병행하여야 한다.

③ 중앙행정기관의 장과 지방자치단체의 장이 사무를 처리할 때 의견을 달리하는 경우 이를 협의·조정하기 위하여 국무총리 소속으로 행정협의조정위원회를 둔다.

④ 「지방자치법」은 원칙적으로 사무배분방식에 있어서 포괄적 예시주의를 취하고 있다.

16. 행정통제에 대한 설명으로 옳지 않은 것은?

① 독립통제기관(separate monitoring agency)은 일반행정기관과 대통령 그리고 외부적 통제중추들의 중간 정도에 위치하며, 상당한 수준의 독자성과 자율성을 누린다.

② 헌법재판제도는 헌법을 수호하고 부당한 국가권력으로부터 국민의 권리와 자유를 보호하는 과정에서 행정에 대한 통제기능을 수행한다.

③ 교차기능조직(criss-cross organizations)은 행정체제 전반에 걸쳐 관리작용을 분담하여 수행하는 참모적 조직단위들로서 내부적 통제체제로부터 완전히 독립되어 있다.

④ 국무총리 소속 국민권익위원회는 옴부즈만적 성격을 가지며, 국민권익위원회의 위원장과 부위원장은 국무총리의 제청으로 대통령이 임명한다.

17. 오스본(D. Osborne)과 게블러(T. Gaebler)의 '정부재창조론'에서 제시된 기업가적 정부 운영의 원리에 관한 내용으로 가장 옳지 않은 것은?

① 시민에 대한 봉사 지향적 정부

② 지역사회가 주도하는 정부

③ 분권적 정부

④ 촉진적 정부

18. 규제영향분석에 대한 설명으로 옳지 않은 것은?

① 규제의 경제·사회적 영향을 과학적으로 분석해 타당성을 평가한다.

② 정치적 이해관계의 조정과 수렴의 기회를 제공한다.

③ 규제가 초래할 사회적 부담에 대해 책임성을 가지도록 유도한다.

④ 규제의 비용보다 규제의 편익에 주안점을 둔다.

19. 프렌치(J. R. P. French, Jr.)와 레이븐(B. H. Raven)의 권력유형분류에서 권력의 원천이 아닌 것은?

① 상징(symbol)　　　　　② 강제력(coercion)

③ 전문성(expertness)　　④ 준거(reference)

20. 역량평가에 대한 설명으로 옳은 것만을 모두 고르면?

ㄱ. 역량은 조직의 평균적인 성과자의 행동특성과 태도를 의미한다.

ㄴ. 다수의 훈련된 평가자가 평가대상자가 수행하는 역할과 행동을 관찰하고 합의하여 평가결과를 도출한다.

ㄷ. 고위공무원단 역량평가의 대상은 문제인식, 전략적 사고, 성과지향, 변화관리, 고객만족, 조정·통합 등으로 구성되어 있다.

ㄹ. 고위공무원단 후보자가 되기 위해서는 역량평가를 거친 후 반드시 고위공무원단 후보자 교육과정을 이수해야 한다.

① ㄱ, ㄴ　　　　　② ㄱ, ㄹ

③ ㄴ, ㄷ　　　　　④ ㄷ, ㄹ

21. 행정이념에 대한 설명으로 가장 옳지 않은 것은?

① 디목(Dimock)은 기술적 능률성을 대체하는 개념으로 사회적 능률성을 제시하고 있는데, 이는 행정이 그 목적 가치인 인간과 사회를 위해서 산출을 극대화하고 그 산출이 인간과 사회의 만족에 기여하는 것을 의미한다.

② 1930년대를 분수령으로 하여 정치행정이원론의 지양과 정치행정일원론으로 전환과 때를 같이해서 행정에서 민주성의 이념이 대두되었다.

③ 효과성은 수단적·과정적 측면에 중점을 두는 반면에 능률성은 목표의 달성도를 중시한다.

④ 합법성은 법률적합성, 법에 의한 행정, 법에 근거한 행정, 즉 법치행정을 의미한다. 합법성을 지나치게 강조하는 경우 수단 가치인 법의 준수가 강조되어 목표의 전환(displacement of goal), 형식주의를 가져올 수 있다.

22. 품목별 예산제도에 대한 설명으로 옳은 것은?

① 지출을 통제하고 공무원들로 하여금 회계적 책임을 쉽게 확보할 수 있는 데 용이하다.

② 미국 케네디 행정부의 국방장관인 맥나마라(McNamara)가 국방부에 최초로 도입하였다.

③ 거리 청소, 노면 보수 등과 같이 활동 단위를 중심으로 예산재원을 배분한다.

④ 능률적인 관리를 위하여 구성원의 참여를 촉진한다는 점에서는 목표에 의한 관리(MBO)와 비슷하다.

23. 정책평가에서 내적 타당성에 대한 설명으로 옳지 않은 것은?

① 준실험설계보다 진실험설계를 사용할 때 내적 타당성의 저해요인이 다양하게 나타난다.

② 정책의 집행과 효과 사이에 존재하는 인과관계의 추론이 가능한 평가가 내적 타당성이 있는 평가이다.

③ 허위변수나 혼란변수를 배제할 수 있다면 내적 타당성을 높일 수 있다.

④ 선발요인이나 상실요인을 통제하기 위해서는 무작위배정이나 사전측정이 필요하다.

24. 지방자치의 이념과 사상적 계보에 대한 설명으로 가장 옳은 것은?

① 자치권의 인식에서 주민자치는 전래권으로, 단체자치는 고유권으로 본다.

② 주민자치는 지방분권의 이념을, 단체자치는 민주주의 이념을 강조한다.

③ 주민자치는 의결기관과 집행기관을 분리하여 대립시키는 기관분리형을 채택하는 반면, 단체자치는 의결기관이 집행기관도 되는 기관통합형을 채택한다.

④ 사무구분에서 주민자치는 자치사무와 위임사무를 구분하지 않지만, 단체자치는 이를 구분한다.

25. 미래에 대한 불확실성을 주어진 조건으로 보고 그 안에서 결과를 예측하는 방법으로, 미래에 발생할 수 있는 최악의 상황을 전제하고 정책대안의 결과를 예측하는 방법은?

① 민감도 분석(sensitivity analysis)

② 중복적 또는 가외적 대비(redundancy)

③ 보수적 결정(conservative decision)

④ 분기점 분석(break-even analysis)

군무원

행정직

기출동형 모의고사

정답 및 해설

SEOWONGAK

(주)서원각

제1회 정답 및 해설

✏️ **국어**

1 ②
② 덩쿨 → 덩굴 또는 넝쿨이 옳은 표현이다.

2 ①
한글 표기는 발음대로 적되 어법에 맞게 적는 것을 원칙으로 한다. 즉 어법에 맞도록 표기할 때는 한 낱말에 들어 있는 형태소를 분명히 드러내어 적어야만 한다. 다만 표기 방식과 의미 파악 사이에 아무런 관련성이 없으면 발음대로 적는다.
※ 발음대로 적은 원칙
　㉠ '지붕 = 집 + 웅'으로 [지붕] 발음 그대로 적은 것이다.
　㉡ '의논(議論)의 論은 원래 음이 [론]인데 '의논'으로 적은 것으로 발음대로 적은 것이다.
　㉣ '오시어요'의 준말은 '오셔요'가 어법에 맞는 것이지만, '오세요'를 표준어로 인정한 것은 소리나는 대로 적은 것으로 볼 수 있다.

3 ③
① 엘레베이터 → 엘리베이터
② 액서서리 → 액세서리
④ 로보트 → 로봇
※ 기타 주의해야 할 외래어표기법

바른 표기	잘못된 표기	바른 표기	잘못된 표기
비즈니스	비지니스	커피숍	커피샵
앰뷸런스	앰블란스	케첩	케찹
주스	쥬스	코미디언	코메디언
피날레	휘날레	탤런트	탈렌트
필름	필림	팸플릿	팜플렛

4 ②
② [위딘몸] → [윈닌몸], 다음 음절의 초성이 'ㅣ, ㅑ, ㅕ, ㅛ, ㅠ'로 시작할 때에는 'ㄴ'을 첨가하여 발음한다.

5 ①
① 심포지움 → 심포지엄

6 ③
'꼬이다'의 준말은 '꾀다'이다. 따라서 '꼬다/꼬이다'는 복수표준어가 아니고, '꾀다/꼬이다'가 복수표준어이다.

7 ④
④ 숙식을 부치다: 먹고 자는 것을 제 집이 아닌 곳에 의지하다
① 성장 → 생장
② 웬지 → 왠지
③ 불가결 → 불가피

8 ②
② 송무백열(松茂栢悅): 소나무가 무성한 것을 보고 측백나무가 기뻐한다는 뜻으로, 벗이 잘됨을 기뻐한다는 의미
① 당랑거철(螳螂拒轍): 사마귀가 수레를 막는다는 말로, 자기 분수를 모르고 상대가 되지 않는 사람이나 사물과 대적한다는 의미
③ 괄목상대(刮目相對): 눈을 비비고 다시 본다는 뜻으로, 남의 학식이나 재주가 부쩍 진보한 것을 이르는 말
④ 반의지희(斑衣之戲): 때때옷을 입고하는 놀이라는 뜻으로, 늙어서도 부모에게 효도함을 이르는 말

9 ②
식별(識別)은 분별하여 알아보다는 뜻이고 용이(容易)는 '용이하다.'의 어근으로 어렵지 않고 쉽다는 의미이다. 따라서 식별이 용이하다는 '분별하여 알아보기 쉽다.'는 말이다.

10 ①

② 15세기에는 주격조사 '-가'가 쓰이지 않았다.

③ '어리다'라는 단어의 뜻은 '현명하지 못하다'에서 '나이가 적다'로 바뀌었다.

④ 방점은 소리의 높낮이를 표시했던 것으로 현대 국어로 오면서 소멸되었다.

11 ③

제시문은 언어의 변화나 새 어형의 전파에 있어 라디오나 텔레비전 같은 매체와의 접촉보다는 사람들 사이의 직접적인 접촉이 결정적인 영향력을 행사한다고 주장한다. 이는 접촉의 형식도 언어 변화에 영향을 미치는 중요한 요소라는 것을 지적하는 것이다. 따라서 괄호 안에 들어갈 문장으로 가장 적절한 것은 ③이다.

12 ③

① '할아버지, 어머니가 진지 잡수시래요.'로 쓰는 것이 적절하다.

② '선친'은 돌아가신 자기 아버지를 남에게 이르는 말이다. 이 경우 '부친'이라는 표현이 적합하다.

④ '수고하셨습니다'는 동년배나 아랫사람에게 쓰는 말로 '애쓰셨습니다' 등으로 고쳐 쓰는 것이 적절하다.

13 ②

② 감각이 전이되는 공감각적 비유는 사용되지 않고 있다.

※ 한용운의 나룻배와 행인

ㄱ 갈래 : 자유시, 서정시

ㄴ 성격 : 서정적, 종교적, 상징적

ㄷ 주제 : 참된 사랑의 본질인 희망과 믿음(인내와 희생을 통한 사랑의 실천)

ㄹ 특징
  • 나룻배와 행인의 관계를 통해 인내와 희생, 사랑에 대한 숭고한 의지를 노래
  • 수미 상관의 구조를 통해 시의 안정감과 리듬감을 살림
  • 여성적 어조를 사용하여 시적 효과를 극대화
  • 상징적, 은유적 표현을 통해 함축미를 살림

14 ②

분노의 감정이 일었을 때 동물과 사람이 어떤 행동을 나타내는지에 대해 이야기하고 있다.

15 ③

③ 농부는 아들들에게 부지런히 밭을 파고 씨를 뿌려야 가을에 풍성한 곡식을 얻을 수 있다는 교훈을 말로 알려주는 대신, 자식들이 스스로 경험을 통해 깨닫도록 하였다.

16 ①

① 토론자들의 발언 전에 사회자가 순서를 말해주며 통제하고 있다.

② 사회자는 논제를 밝히고, 토론자의 입론을 잘 들었다고 이야기 할 뿐, 자신의 찬반에 대한 여부를 표명하고 있지 않다.

③ 반대 측 토론자 1은 찬성 측의 개념을 일부 수용하였지만, 찬성 측 토론자 1은 그렇지 않다.

④ 찬성 측 토론자 1은 개념에 대한 정의를 자세하게 풀어가며 자신의 주장을 펼치고 있으며, 구체적 사례는 제시하지 않았다.

17 ③

③ 나무가 변화하는 모습을 감각적 이미지로 묘사하고 있는 부분은 찾아볼 수 없다.

18 ③

'줄여 간 게 아니라면 그래도 잘된 게 아니냐'는 위로에 반응이 신통치 않았고, '집이 형편없이 낡았다'고 토로했다. 이에 대해 이어지는 '낡았다고 해도 설마 무너지기야 하랴'라는 말에 위로치고는 어이가 없어서 웃었을 것으로 짐작할 수 있다.

19 ①

(가) 의사소통의 네 가지 기능→(마) 네 영역에 대한 교수학습의 조직화의 필요성→(다) 한국어의 특수성에 맞는 연구 결과의 조정→(바) 연구 성과를 현장에 반영하기 위한 교사의 방법 → (나) 최고의 방법→ (라) 결론

20 ②

문제에서 제시한 서론은 전통 음악의 대중화 방안이 시급함을 주제로 한다. 화자에게 서양 음악은 낯선 음악으로 부정적으로 생각하는 대상이다. 따라서 서양 음악에 대한 이해 증진은 본론에 들어갈 내용으로 적절하지 않다.

21 ①

지문은 1인칭 주인공 시점이다.

22 ④

윗글의 두 번째 문단 둘째 줄에서 '영어는 국제 경쟁력을 키우는 차원에서 반드시 배워야 한다. 하지만 영어보다 더 중요한 것은 우리의 말과 글이다.'라는 부분과 세 번째 문단 둘째 줄에 있는 '하지만 우리의 말과 글을 바로 세우는 일에도 소홀해서는 절대 안 된다.'라고 한 부분을 통해서 ④의 내용이 필자의 주장임을 알 수 있다.

23 ④

위 글에서는 인공조형물에 대한 설명이 없으므로 보기 ④가 적절하지 않은 것이다.

24 ②

화자는 두 번째 문단 중간부분에서 '이러한 현실을 앞에 놓고서 민족 문화의 전통을 찾고 이를 계승하고자 한다면'이라고 언급하고 있다. 글의 흐름으로 볼 때 화자가 이 글을 통해 이야기하고자 하는 것은 민족 문화와 그 계승이라는 것을 추론해 볼 수 있다. 따라서 괄호 안에 들어갈 말로 가장 적절한 것은 ②이다.

25 ③

③ **편력(遍歷)** : 이곳저곳을 널리 돌아다님. 또는 여러 가지 경험을 함
① 가상(假像) → 가상(假想)
  • 가상(假像) : 실물처럼 보이는 거짓 형상
  • 가상(假想) : 사실이 아니거나 사실 여부가 분명하지 않은 것을 사실이라고 가정하여 생각함
② 가시(可示) → 가시(可視)
  • 가시(可視) : 눈으로 볼 수 있는 것
④ 과장(誇長) → 과장(誇張)
  • 과장(誇張) : 사실보다 지나치게 불려서 나타냄

1 ①

① 관계 법령에 위반하여 장례식장 영업을 하고 있는 자의 장례식장 사용 중지 의무는 부작위로서 행정대집행법 제2조의 규정에 의한 대집행의 대상이 아니다(대판 2005. 9. 28, 2005두7464).

② 피수용자 등이 기업자에 대하여 부담하는 수용대상 토지의 인도의무에 관한 구 토지수용법 제63조, 제64조, 제77조 규정에서의 '인도'에는 명도도 포함되는 것으로 보아야 하고, 이러한 명도의무는 그것을 강제적으로 실현하면서 직접적인 실력행사가 필요한 것이지 대체적 작위의무라고 볼 수 없으므로 특별한 사정이 없는 한 행정대집행법에 의한 대집행의 대상이 될 수 있는 것이 아니다(대판 2005. 8. 19, 2004다2809).

③ 상당한 의무이행기간을 부여하지 아니한 대집행계고처분 후에 대집행영장으로써 대집행의 시기를 늦춘 경우 그 계고처분은 위법하다(대판 1990. 9. 14, 90누2048).

④ 제2차, 제3차의 계고처분은 새로운 철거의무를 부과한 것이 아니고 다만 대집행기한의 연기통지에 불과하므로 행정처분이 아니다(대판 1994. 10. 28, 94누5144).

2 ②

② 행정조사기본법 제4조(행정조사의 기본원칙) 제4항

① '행정조사'란 행정기관이 정책을 결정하거나 직무를 수행하는 데 필요한 정보나 자료를 수집하기 위하여 현장조사·문서열람·시료채취 등을 하거나 조사대상자에게 보고요구·자료제출요구 및 출석·진술요구를 행하는 활동을 말한다〈동법 제2조(정의) 제1호〉.

③ 조세·형사·행형 및 보안처분에 관한 사항은 행정조사기본법을 적용하지 않는다〈동법 제3조(적용 범위) 제2항 제5호 참조〉.

④ 조사대상자는 조사원에게 공정한 행정조사를 기대하기 어려운 사정이 있다고 판단되는 경우에는 행정기관의 장에게 당해 조사원의 교체를 신청할 수 있다〈동법 제22조(조사원 교체신청) 제1항〉.

3 ①

① 행정행위의 철회는 하자 없이 성립된 행정행위의 효력을 존속시킬 수 없는 새로운 사유의 발생을 이유로 장래를 향하여 그 효력을 소멸시키나, 행정행위의 취소는 행정행위의 성립 당시의 하자를 이유로 소급하여 그 효력을 소멸시키는 것이다. ①은 원시적(행정행위 당시) 하자이기 때문에 '취소'에 해당한다.

4 ①

① 행정절차법 제1조(목적) … 이 법은 행정절차에 관한 공통적인 사항을 규정하여 국민의 행정 참여를 도모함으로써 행정의 공정성·투명성 및 신뢰성을 확보하고 국민의 권익을 보호함을 목적으로 한다.
→ 절차를 정하는 것은 행정의 신속성과는 거리가 멀다.

② 동법 제3조(적용 범위) 제1항

③ 사전적 권리구제로서 행정절차가 있고, 사후적 권리구제로서는 행정심판, 행정소송 등이 있다.

④ 동법 제4조(신의성실 및 신뢰보호) 규정이 그 예에 해당한다.

5 ②

② 건축법 제14조에 의한 건축물의 신고, 체육시설의 설치·이용에 관한 법률 제20조에 의한 체육시설업의 신고 등은 자기완성적 신고로, 행정청에 대하여 일정한 사항을 통지하고 도달함으로써 의무가 끝나며 따라서 수리행위 없이 신고 그 자체로 법적 효과를 발생시킨다.

6 ①

② 선행부과처분에 대한 취소소송이 진행 중인 경우에도 과세관청인 피고는 위법한 선행처분을 스스로 취소하거나 그 절차상의 하자를 보완하여 다시 적법한 부과처분을 할 수 있다.

③ 부과의 취소에 위법사유가 있다고 하더라도 당연무효가 아닌 한 일단 유효하게 성립하여 부과처분을 확정적으로 상실시키는 것이므로, 과세관청은 부과의 취소를 다시 취소함으로써 원부과처분을 소생시킬 수는 없고 납세의무자에게 종전의 과세대상에 대한 납부의무를 지우려면 다시 법률에서

정한 부과절차에 좇아 <u>동일한 내용의 새로운 처분</u>을 하는 수밖에 없다(대판 1995. 3. 10, 94누7027).

④ 원래 행정처분을 한 처분청은 그 처분에 하자가 있는 경우에는 원칙적으로 별도의 법적 근거가 없더라도 스스로 이를 직권으로 취소할 수 있지만, 그와 같이 직권취소를 할 수 있다는 사정만으로 이해관계인에게 처분청에 대하여 그 취소를 요구할 신청권이 부여된 것으로 볼 수는 없다(대판 2006. 6. 30, 2004두701).

7 ①

① 건축법 관련 규정의 내용 및 취지에 의하면, 건축주 등으로서는 신고제 하에서도 <u>건축신고가 반려될 경우</u> 당해 건축물의 건축을 개시하면 시정명령, 이행강제금, 벌금의 대상이 되거나 당해 건축물을 사용하여 행할 행위의 <u>허가가 거부될 우려가 있어 불안정한 지위에 놓이게 된다.</u> 따라서 건축신고 반려행위가 이루어진 단계에서 당사자로 하여금 반려행위의 적법성을 다투어 그 법적 불안을 해소한 다음 건축행위에 나아가도록 함으로써 장차 있을지도 모르는 위험에서 미리 벗어날 수 있도록 길을 열어 주고, 위법한 건축물의 양산과 그 철거를 둘러싼 분쟁을 조기에 근본적으로 해결할 수 있게 하는 것이 법치행정의 원리에 부합한다. 그러므로 이 사건 <u>건축신고 반려행위는 항고소송의 대상이 된다고 보는 것이 옳다</u>(대판 2010. 11. 18, 2008두167 전원합의체).

③ 주민들의 거주지 이동에 따른 주민등록전입신고에 대하여 행정청이 이를 심사하여 그 수리를 거부할 수는 있다고 하더라도, 시장·군수 또는 구청장의 심사 대상은 전입신고자가 30일 이상 생활의 근거로 거주할 목적으로 거주지를 옮기는지 여부만으로 제한된다고 보아야 한다(대법원 2009. 6. 18. 2008두10997).

8 ①

① 급부행정유보설은 법률유보의 원칙은 침해행정뿐만 아니라 수익적 행정활동인 급부행정의 전반에 대해서도 적용되어야 한다고 보는 견해이다.

③ 국가를 당사자로 하는 계약에 관한 법률 제5조(계약의 원칙)

④ 단수처분은 항고소송의 대상이 되는 행정처분에 해당한다(대판 1979. 12. 28, 79누218).

9 ①

① 행정소송법 제12조(원고적격) … 취소소송은 처분등의 취소를 구할 <u>법률상 이익</u>이 있는 자가 제기할 수 있다. 처분등의 효과가 기간의 경과, 처분등의 집행 그 밖의 사유로 인하여 소멸된 뒤에도 그 처분등의 취소로 인하여 <u>회복되는 법률상 이익</u>이 있는 자의 경우에는 또한 같다.

③ 동법 제19조(취소소송의 대상)

④ 동법 제13조(피고적격) 제1항

10 ②

② 지방자치단체는 그 내용이 주민의 권리의 제한 또는 의무의 부과에 관한 사항이거나 벌칙에 관한 사항이 아닌 한 법률의 위임이 없더라도 조례를 제정할 수 있다 할 것인데 청주시의회에서 의결한 청주시행정정보공개조례안은 행정에 대한 주민의 알 권리의 실현을 그 근본내용으로 하면서도 이로 인한 개인의 권익침해 가능성을 배제하고 있으므로 이를 들어 주민의 권리를 제한하거나 의무를 부과하는 조례라고는 단정할 수 없고 따라서 그 제정에 있어서 반드시 법률의 개별적 위임이 따로 필요한 것은 아니다(대판 1992. 6. 23, 92추17).

① 시험문항에 대한 채점위원별 채점 결과가 비공개 정보인 것과 달리 답안지의 경우 공개정보에 해당한다.

③ 교도관이 작성한 근무보고서는 공개대상정보에 해당한다.

④ 학교폭력대책자치위원회의 회의록은 비공개대상정보에 해당한다.

11 ①

① <u>비구속적 행정계획안이나 행정지침이라도 국민의 기본권에 직접적으로 영향을 끼치고, 앞으로 법령의 뒷받침에 의하여 그대로 실시될 것이 틀림없을 것으로 예상될 수 있을 때에는, 공권력행위로서 예외적으로 헌법소원의 대상이 될 수 있다</u>(헌재 2000.6.1, 99헌마538).

③ 행정주체가 행정계획을 입안·결정함에 있어서 이익형량을 전혀 행하지 아니하거나 이익형량의 고려 대상에 마땅히 포함시켜야 할 사항을 누락한 경우 또는 이익형량을 하였으나 정당성과 객관성이 결여된 경우, 그 행정계획결정은 형량에 하자가 있어(재량권을 일탈·남용한 것으로서) 위법하게 된다(대판 2011.2.24. 2010두21464).

④ <u>행정절차법 제46조(행정예고) 제1항</u> ··· 행정청은 다음 각 호의 어느 하나에 해당하는 사항에 대한 <u>정책, 제도 및 계획을 수립·시행하거나 변경하려는 경우에는 이를 예고하여야 한다.</u> 다만, 예고로 인하여 공공의 안전 또는 복리를 현저히 해칠 우려가 있거나 그 밖에 예고하기 곤란한 특별한 사유가 있는 경우에는 예고하지 아니할 수 있다.
1. <u>국민생활에 매우 큰 영향을 주는 사항</u>
2. 많은 국민의 이해가 상충되는 사항
3. 많은 국민에게 불편이나 부담을 주는 사항
4. 그 밖에 널리 국민의 의견을 수렴할 필요가 있는 사항

12 ③

③ 행정절차법은 행정계획에 대해서는 규정하고 있지 않다.

※ <u>행정절차법 제3조(적용 범위) 제1항</u> ··· <u>처분, 신고, 행정상 입법예고, 행정예고 및 행정지도의 절차</u>(이하 "행정절차"라 한다)에 관하여 다른 법률에 특별한 규정이 있는 경우를 제외하고는 이 법에서 정하는 바에 따른다.

13 ④

④ 종전 허가가 기한이 도래하여 실효되었다면 허가의 효력은 당연히 소멸하는 것이므로 종전 허가의 유효기간이 지나서 기간연장을 신청하였다면 그 신청은 새로운 허가를 구하는 것으로 보아야 한다.

14 ②

② <u>행정소송법 제13조(피고적격) 제1항</u> ··· 취소소송은 다른 법률에 특별한 규정이 없는 한 <u>그 처분등을 행한 행정청을 피고로 한다.</u> 다만, 처분등이 있은 뒤에 그 처분등에 관계되는 권한이 다른 행정청에 승계된 때에는 이를 승계한 행정청을 피고로 한다.

① <u>동법 제18조(행정심판과의 관계) 제1항</u> ··· 취소소송은 법령의 규정에 의하여 당해 처분에 대한 행정심판을 제기할 수 있는 경우에도 이를 거치지 아니하고 제기할 수 있다. (후략)
→ 원칙적으로 임의적 행정심판전치주의를 취하고 있다.

③ <u>동법 제23조(집행정지) 제1항</u> ··· 취소소송의 제기는 처분등의 효력이나 그 집행 또는 절차의 속행에 영향을 주지 아니한다.

④ 동법 제28조(사정판결) 제1항

15 ②

② 구 대기환경보전법(1992.12.8. 법률 제4535호로 개정되기 전의 것)의 입법목적이나 제반 관계규정의 취지 등을 고려하면, 법정의 <u>배출허용기준을 초과하는 배출가스를 배출하면서 자동차를 운행하는 행위</u>를 처벌하는 위 법 제57조 제6호의 규정은 자동차의 운행자가 그 자동차에서 배출되는 배출가스가 소정의 운행 자동차 배출허용기준을 초과한다는 점을 실제로 인식하면서 운행한 <u>고의범의 경우는 물론 과실로 인하여 그러한 내용을 인식하지 못한 과실범의 경우도 함께 처벌하는 규정이다</u>(대법원 1993.9.10, 92도1136).

① 통고처분은 상대방의 임의의 승복을 그 발효요건으로 하기 때문에 그 자체만으로는 통고이행을 강제하거나 상대방에게 아무런 권리의무를 형성하지 않으므로 행정심판이나 행정소송의 대상으로서의 처분성을 부여할 수 없다(헌재 1998.5.28. 96헌바4).

③ 질서위반행위규제법 제19조(과태료 부과의 제척기간) 제1항

④ <u>임시운행허가기간을 넘어 운행한 자가 등록된 차량에 관하여 그러한 행위를 한 경우라면 과태료의 제재만을 받게 되겠지만, 무등록 차량에 관하여 그러한 행위를 한 경우라면 과태료와 별도로 형사처벌의 대상이 된다</u>(대판 1996.4.12. 96도158). → 행정법상의 질서벌인 과태료의 부과처분(임시운행

허가기간을 넘어서 운행한 것에 대해)과 형사처벌
(무등록 차량을 운행한 것에 대해)은 그 성질이나
목적을 달리하는 별개의 것이므로 행정법상의 질
서벌인 과태료를 납부한 후에 형사처벌을 한다고
하여 이를 일사부재리의 원칙에 반하는 것이라고
할 수는 없다.

16 ②

② 「검찰보존사무규칙」이 「검찰청법」 제11조에 기하여
제정된 법무부령이기는 하지만, 그 사실만으로 같은
규칙 내의 모든 규정이 법규적 효력을 가지는 것은
아니다. 기록의 열람·등사의 제한을 정하고 있는 같
은 규칙 제22조는 법률상의 위임근거가 없어 행정기
관 내부의 사무처리준칙으로서 행정규칙에 불과하므
로, 위 규칙상의 열람·등사의 제한이 공공기관의 정
보공개에 관한 법률 제9조 제1항 제1호의 '다른 법률
또는 법률에 의한 명령에 의하여 비공개사항으로 규
정된 경우'에 해당한다고 볼 수 없다(대판 2006.5.25,
2006두3049).

17 ①

① 행정조사기본법 제4조(행정조사의 기본원칙) 제4항
… 행정조사는 법령등의 위반에 대한 처벌보다는
법령등을 준수하도록 유도하는 데 중점을 두어야
한다.
② 동법 제4조 제3항
③ 동법 제4조 제1항
④ 동법 제4조 제2항

18 ②

② 행정심판법 제47조(재결의 범위) 제1항 … 위원회는
심판청구의 대상이 되는 처분 또는 부작위 외의
사항에 대하여는 재결하지 못한다.
① 동법 제3조(행정심판의 대상) 제2항
③ 동법 제20조(심판참가) 제1항 및 제5항
④ 동법 제44조(사정재결) 제3항

19 ③

③ 남북정상회담의 개최는 고도의 정치적 성격을 지
니고 있는 행위라 할 것이므로 특별한 사정이 없
는 한 그 당부를 심판하는 것은 사법권의 내재
적·본질적 한계를 넘어서는 것이 되어 적절하지
못하지만, 남북정상회담의 개최과정에서 위 피고
인들이 공모하여 재정경제부장관에게 신고하지 아
니하거나 통일부장관의 협력사업 승인을 얻지 아
니한 채 위와 같이 북한측에 사업권의 대가 명목
으로 4억 5,000만 달러를 송금한 행위 자체는 헌
법상 법치국가의 원리와 법 앞에 평등원칙 등에
비추어 볼 때 사법심사의 대상이 된다(대법원
2004.3.26, 2003도7878).
② 대통령의 비상계엄의 선포나 확대 행위는 고도의
정치적·군사적 성격을 지니고 있는 행위라 할 것
이므로, 그것이 누구에게도 일견하여 헌법이나 법
률에 위반되는 것으로서 명백하게 인정될 수 있는
등 특별한 사정이 있는 경우라면 몰라도, 그러하
지 아니한 이상 그 계엄선포의 요건 구비 여부나
선포의 당·부당을 판단할 권한이 사법부에는 없
다고 할 것이나, 비상계엄의 선포나 확대가 국헌
문란의 목적을 달성하기 위하여 행하여진 경우에
는 법원은 그 자체가 범죄행위에 해당하는지의 여
부에 관하여 심사할 수 있다(대판 전합 1997.4.17.
96도3376).

20 ①

① 질서위반행위규제법 제25조(관할법원) … 과태료 사
건은 다른 법령에 특별한 규정이 있는 경우를 제
외하고는 당사자의 주소지의 지방법원 또는 그 지
원의 관할로 한다.
② 동법 제20조(이의 제기) 제1항, 제2항
③ 동법 제21조(법원에의 통보) 제1항
④ 동법 제19조(과태료 부과의 제척기간) 제1항

21 ③

③ 공공기관의 정보공개에 관한 법률 제9조(비공개 대
상 정보) 제1항 … 공공기관이 보유·관리하는 정보
는 공개 대상이 된다. 다만, 다음 각 호의 어느 하
나에 해당하는 정보는 공개하지 아니할 수 있다.
6. 해당 정보에 포함되어 있는 성명·주민등록번호
등 개인에 관한 사항으로서 공개될 경우 사생활

의 비밀 또는 자유를 침해할 우려가 있다고 인정되는 정보. 다만, 다음 각 목에 열거한 개인에 관한 정보는 <u>제외</u>한다.

　가. 법령에서 정하는 바에 따라 열람할 수 있는 정보

　나. 공공기관이 공표를 목적으로 작성하거나 취득한 정보로서 사생활의 비밀 또는 자유를 부당하게 침해하지 아니하는 정보

　다. 공공기관이 작성하거나 취득한 정보로서 공개하는 것이 공익이나 개인의 권리 구제를 위하여 필요하다고 인정되는 정보

　라. <u>직무를 수행한 공무원의 성명·직위</u>

　마. 공개하는 것이 공익을 위하여 필요한 경우로서 법령에 따라 국가 또는 지방자치단체가 업무의 일부를 위탁 또는 위촉한 개인의 성명·직업

　→ 정보공개법 제9조 각 호에서 비공개대상 정보를 열거하고 있다. 제6호에서 나열한 각 목은 그에 대해 제외되는 정보로서 <u>공개대상</u>이 되도록 하고 있다.

① 동법 제17조(비용 부담)

② 동법 제4조(적용 범위) 제2항

④ 동법 시행령 제3조(외국인의 정보공개 청구) … 법제5조 제2항에 따라 <u>정보공개를 청구할 수 있는 외국인</u>은 다음 각 호의 어느 하나에 해당하는 자로 한다.

　1. 국내에 일정한 주소를 두고 거주하거나 <u>학술·연구를 위하여 일시적으로 체류하는 사람</u>

　2. 국내에 사무소를 두고 있는 법인 또는 단체

22 ③

③ 행정청이 청문서 도달기간을 다소 어겼다 하더라도 영업자가 이에 대하여 이의하지 아니한 채 스스로 청문일에 출석하여 그 의견을 진술하고 변명하는 등 방어의 기회를 충분히 가졌다면 청문서 도달기간을 준수하지 아니한 하자는 치유되었다고 봄이 상당하다 (대판 1992. 10. 23, 92누2844).

① <u>행정청이 침해적 행정처분을 함에 있어서 당사자에게 위와 같은 사전통지를 하거나 의견제출의 기회를 주지 아니하였다면</u> 사전통지를 하지 않거나 의견제출의 기회를 주지 아니하여도 되는 예외적인 경우에 해당하지 아니하는 한 <u>그 처분은 위법</u>

<u>하여 취소를 면할 수 없다</u>(대판 2000. 11. 14, 99두5870).

② <u>행정청이 당사자와 사이에 도시계획사업의 시행과 관련한 협약을 체결하면서</u> 관계 법령 및 행정절차법에 규정된 <u>청문의 실시 등 의견청취절차를 배제하는 조항을 두었다고 하더라도</u>, 국민의 행정참여를 도모함으로써 행정의 공정성·투명성 및 신뢰성을 확보하고 국민의 권익을 보호한다는 행정절차법의 목적 및 청문제도의 취지 등에 비추어 볼 때, 위와 같은 협약의 체결로 청문의 실시에 관한 규정의 적용을 배제할 수 있다고 볼 만한 법령상의 규정이 없는 한, <u>이러한 협약이 체결되었다고 하여 청문의 실시에 관한 규정의 적용이 배제된다거나 청문을 실시하지 않아도 되는 예외적인 경우에 해당한다고 할 수 없다</u>(대판 2004. 7. 8, 2002두8350).

→ 당사자(사인)와의 협약으로 법령상 규정된 청문절차를 배제할 수 없다.

④ 국가공무원법상 직위해제처분은 당해 행정작용의 성질상 행정절차를 거치기 곤란하거나 불필요하다고 인정되는 사항 또는 행정절차에 준하는 절차를 거친 사항에 해당하므로, 처분의 사전통지 및 의견청취 등에 관한 행정절차법의 규정이 별도로 적용되지 않는다(대판 2014. 5. 16, 2012두26180).

23 ②

① 법령에 의해 행정대집행의 절차가 인정되는 경우에도 행정청은 따로 민사소송의 방법으로 시설물의 철거를 구할 수 없다(대판 2000.5.12. 선고 99다18909).

③ 성업공사(현, 한국자산관리공사)의 공매결정과 공매통지가 항고소송 대상인 처분이라 할 수 없다(대판 1998.6.26. 선고 96누12030).

④ 이행강제금 납부의무는 일신전속적이라서 상대방이 사망 시 종료한다(대결 2006. 12. 8, 2006마470).

24 ③

③ 법관의 재판에 법령의 규정을 따르지 아니한 잘못이 있다 하더라도 이로써 바로 그 재판상 직무행위가 국가배상법 제2조 제1항에서 말하는 위법한 행위로 되어 국가의 손해배상책임이 발생하는 것은 아니고, 그 국가배상책임이 인정되려면 당해 법관이 위법 또는 부당한 목적을 가지고 재판을 하였다거나 법이 법관의 직무수행상 준수할 것을 요구하고 있는 기준을 현저하게 위반하는 등 법관이 그에게 부여된 권한의 취지에 명백히 어긋나게 이를 행사하였다고 인정할 만한 특별한 사정이 있어야 한다(대판 2003.07.11. 선고 99다24218).

25 ①

① 개인정보보호법 제39조(손해배상책임) 제1항 … 정보주체는 개인정보처리자가 이 법을 위반한 행위로 손해를 입으면 개인정보처리자에게 손해배상을 청구할 수 있다. 이 경우 그 개인정보처리자는 고의 또는 과실이 없음을 입증하지 아니하면 책임을 면할 수 없다.

② 동법 제2조(정의) 제1호 … "개인정보"란 <u>살아 있는 개인에 관한 정보</u>로서 다음 각 목의 어느 하나에 해당하는 정보를 말한다〈2020. 8. 5. 시행예정〉.

　가. 성명, 주민등록번호 및 영상 등을 통하여 개인을 알아볼 수 있는 정보

　나. 해당 정보만으로는 특정 개인을 알아볼 수 없더라도 다른 정보와 쉽게 결합하여 알아볼 수 있는 정보. 이 경우 쉽게 결합할 수 있는지 여부는 다른 정보의 입수 가능성 등 개인을 알아보는 데 소요되는 시간, 비용, 기술 등을 합리적으로 고려하여야 한다.

　다. 가목 또는 나목을 제1호의2에 따라 가명처리함으로써 원래의 상태로 복원하기 위한 추가 정보의 사용·결합 없이는 특정 개인을 알아볼 수 없는 정보(이하 "가명정보"라 한다)

③ 동법 제2조(정의) 제5호 … 개인정보처리자란 업무를 목적으로 개인정보파일을 운용하기 위하여 스스로 또는 다른 사람을 통하여 개인정보를 처리하는 공공기관, 법인, 단체 및 <u>개인</u> 등을 말한다.

④ • 동법 제34조(개인정보 유출 통지 등) 제1항 … 개인정보처리자는 개인정보가 유출되었음을 알게 되었을 때에는 지체 없이 <u>해당 정보주체에게</u> 다음 각 호의 사실을 알려야 한다.

1. 유출된 개인정보의 항목

2. 유출된 시점과 그 경위

3. 유출로 인하여 발생할 수 있는 피해를 최소화하기 위하여 정보주체가 할 수 있는 방법 등에 관한 정보

4. 개인정보처리자의 대응조치 및 피해 구제절차

5. 정보주체에게 피해가 발생한 경우 신고 등을 접수할 수 있는 담당부서 및 연락처

• 동법 제34조 제3항 … 개인정보처리자는 대통령령으로 정한 규모 이상의 개인정보가 유출된 경우에는 제1항에 따른 통지 및 제2항에 따른 조치 결과를 지체 없이 <u>보호위원회 또는 대통령령으로 정하는 전문기관에 신고</u>하여야 한다. 이 경우 보호위원회 또는 대통령령으로 정하는 전문기관은 피해 확산방지, 피해 복구 등을 위한 기술을 지원할 수 있다〈2020. 8. 5. 시행예정〉

1 ④

④ 상향적 접근방법은 일선집행관료의 재량권을 확대시킨다.

2 ②

①④ 관료조직의 특징

③ 성과중심적 조직의 특징

※ **학습조직의 특징**

    ㉠ **사려깊은 리더십** : 조직의 리더는 구성원의 기본 행태를 안내할 조직의 목표, 사명, 핵심가치들에 대한 통치이념을 설계하는 사회건축가로서의 역할과 구성원들의 공유비전의 창조자, 조직의 봉사자로서의 역할이 요구된다.

    ㉡ **구성원의 권한강화** : 내적 동기부여 및 조직구성원의 권한부여를 강조한다.

    ㉢ **협력적 네트워크를 통한 전략수립** : 중앙집권적 전략수립을 벗어나 직원의 역할을 강조하며 경쟁자, 공급자 등과 협력적 네트워크를 구성함으로써 조직의 전략수립에 도움을 받는다.

    ㉣ **강한 조직문화** : 부분보다 전체를 중요하게 여기며, 따라서 부서 간 경계를 최소화하고 조직의 공동체 정신과 조직구성원 상호간의 동정과 지원을 강조한다.

    ㉤ **정보공유** : 문제인식과 해결을 위해 다양한 집단 간 빈번한 비공식적 접촉을 장려하여 활발한 커뮤니케이션이 이루어지도록 하고, 자료에 접근하는 것이 쉽도록 하여 정보공유가 가능하도록 한다.

    ㉥ **수평적 조직구조와 보상체계** : 학습조직의 기본 구성단위는 급변하는 불확실한 환경에 필요한 신축성을 제고할 수 있는 네트워크 조직, 가상조직 등과 같은 수평적 조직구조를 강조하며 팀워크와 조직 전체를 강조하는 이윤공유 보너스, 지식급제도를 도입한다.

3 ③

③ 택지분양이나 일반주택 건설은 분배정책에 해당하지만 임대주택의 건설은 저소득층에게 주택을 임대해주는 것이므로 재분배정책에 해당한다.

※ **분배정책과 재분배정책**

    ㉠ **분배정책**(distributive policy) : 특정한 개인, 기업체, 조직, 지역사회에 공공서비스와 편익을 배분하는 것으로 국유지 불하정책, 하천·항만사업, 사회간접자본 구축, 연구·개발사업, 기업 수출보조금, 농어촌 소득증대사업, 군수품 구매, 공원 조성 등이 있다.

    ㉡ **재분배정책**(redistributive policy) : 재산이나 권력, 권리를 많이 소유하고 있는 집단에게서 저소득층으로의 소득 이전을 목적으로 하는 정책으로 누진세제도, 사회보장제도, 영세민 취로사업, 임대주택건설, 세제 공제나 감면혜택 등이 있다.

4 ①

① 제1단계는 소규모 신설조직단계로 생산과 판매에 초점을 둔다.

※ **Greiner의 조직성장단계**

    ㉠ **제1단계** : 창조의 단계. 소규모 신설조직단계로 생산과 판매에 초점을 두며, 리더십의 위기가 온다.

    ㉡ **제2단계** : 지시의 단계. 담당부서의 전문경영자에 의한 운영의 효율성에 초점을 두며, 자율성의 위기가 온다.

    ㉢ **제3단계** : 위임의 단계. 부서의 권한위임에 초점을 두고 조직성장을 추구하며, 분권으로 인한 경영위기가 온다.

    ㉣ **제4단계** : 조정의 단계. 효과적 조정기제를 바탕으로 통합에 초점을 두고 조직성장을 추구하며, 형식주의의 위기가 온다.

    ㉤ **제5단계** : 협력의 단계. 부서 간 협력을 바탕으로 문제해결과 혁신에 초점을 두고 조직성장을 추구하며, 탈진의 위기가 온다.

5 ①

① 이윤분배적 성과급과 생산성향상 성과급은 민간부문에서 개발한 성과급이다. 정부부문 성과급은 개인별로 차등, 부서별로 차등, 개인별·부서별 차등의 병용, 부서별 차등 적용 후 개인별 차등을 적용하는 방법 등을 자율적으로 선택할 수 있다.

6 ②

ⓒ 직급에 대한 설명이다.
ⓒ 계급제의 장점이다.

7 ①

① 민주적 통제는 약화된다. 총액인건비제도의 특징으로는 각 부처에 자율성 부여, 성과와 보상의 연계 강화, 자율과 책임의 조화 등이 있다.

8 ②

신공공관리론과 뉴거버넌스

구분	신공공관리론	뉴거버넌스
인식론적 기초	신자유주의	공동체주의
관리기구	시장	연계망
관리가치	결과	신뢰
정부역할	방향잡기	방향잡기
관료역할	공공기업자	조정자
작동원리	경쟁(시장메커니즘)	협력체제
서비스	민영화, 민간위탁	공동공급 (시민기업 참여)
관리방식	고객지향	임무중심
분석수준	조직 내	조직 간

9 ④

ⓒ 기능구조
ⓒ 사업구조
ⓒ 수평구조

10 ③

공공재는 비배제성과 비경합성의 속성을 갖는 재화와 서비스를 의미하며, 지문 ③은 가치재에 대한 설명이다. 가치재(merit goods)는 국민들이 고루 소비할 수 있게 만들어 주는 것이 바람직하다는 관점에서 정부가 생산해 공급하는 재화나 서비스를 말한다. 가치재는 온정적 간섭주의에 해당하며, 5대 가치재에 속하는 것으로는 의료, 교육, 문화, 주택, 교통 등이 있다. 즉, 문화행사는 공공재의 성격은 약하고 가치재에 해당된다.

11 ③

③ 행태론적 입장에서는 갈등을 불가피한 현상으로 간주하며, 이를 건설적으로 해결할 경우 긍정적인 영향을 미칠 수 있다고 본다.

12 ②

암묵지는 학습과 체험 등을 통해 개인에게 습득돼 있지만 겉으로 드러나지 않는 상태의 지식이고, 형식지는 암묵지가 문서 등을 통해 외부로 표출되어 여러 사람이 공유하는 지식을 말한다. 업무매뉴얼, 보고서, 데이터베이스 등 어떤 형태로든 형상화된 지식은 형식지라고 볼 수 있다.

13 ②

② 기대이론은 형평성이론, 목표설정이론, 학습이론 등과 함께 과정이론에 속한다.
①③④ 내용이론이다.

※ 동기부여 이론

ⓒ 동기부여 내용이론 : 인간 행동을 동기화시키는 원동력이 무엇인가, 무엇이 행동을 일으키는가에 대한 연구이다. 욕구계층이론, 욕구충족요인 이원론, X·Y 이론, MaClelland의 성취동기이론 등이 있다.

ⓒ 동기부여 과정이론 : 행동이 어떻게 유지되고 어떤 단계를 밟아 진행되는지 그 과정을 연구한 이론들로 욕구상태에서 행동이 어떻게 유도되고 어떤 단계를 밟아 행동이 촉발되는가에 초점을 둔다. Vroom의 기대이론, Adams의 공정성이론, Locke의 목표설정이론 등이 대표적이다.

14 ③

① 협력적으로 연계되어 있는 외부기관을 직접 통제하기 어렵다.

② 네트워크 참여자의 기회주의 행위를 방지하기 위한 감시비용이 많이 든다.

④ 제품과 서비스의 품질관리와 안정적 공급이 곤란하다.

15 ②

② 비경합적이고 비배타적인 성격의 공공재 과소공급은 시장실패의 원인이다.

16 ①

② 훈련된 무능

③ 변동에의 저항

④ 할거주의

17 ③

③ 재무적 관점의 성과지표는 전통적 후행지표이다.

※ 균형성과관리(BSC)의 지표별 특징과 내용

관점	특성	내용
재무적 관점	민간 부문에서 중시하는 전통적 후행지표	매출, 자본수익률, 예산대비차이 등
고객 관점	공공부문이 중시하는 대외적 지표	고객만족도, 정책순응도, 민원인의 불만율, 신규 고객의 증감 등
프로세스 (절차) 관점	업무처리 과정 중심 지표	의사결정과정에서의 시민참여도, 적법절차, 커뮤니케이션 구조 등
학습과 성장 관점	미래적 관점의 선행지표	인적 자원의 역량, 지식의 축적, 정보시스템 구축, 학습동아리 수, 제안 건수, 직무만족도 등

18 ④

㉠ 허즈버그의 욕구충족요인 이원론에 의하면 불만족요인을 아무리 충족해도 인간은 불만족감이 감소할 뿐 만족감이 증가하지 않으며 반대로 만족 요인을 충분히 충족시켜주면 만족감이 증가하나 이 욕구가 충족되지 않는다고 불만족감이 증가한다고 보지는 않았다.

㉣ 호손실험은 사회적 인간관과 관련이 있다.

19 ①

㉠ – 역량평가제

㉡ – 직무성과관리제

㉢ – 다면평가제

㉣ – 근무성적평정제

20 ④

④ 오염허가서(pollution permits) 혹은 배출권을 보유하고 있는 경제주체만 오염물질을 배출할 수 있게 허용하는 방식은 간접적 규제방식에 해당한다. 직접적 규제(명령지시적 규제)는 직접적으로 법령에 근거하여 특정행위가 형성·발생할 것을 요구하거나 금지·제한하기 위한 것으로 기준, 규칙 제정, 처분 또는 명령 등을 내리고 이를 어길 경우 형사처벌을 하는 강도 높은 규제로서 오염물질 배출행위 자체를 금지하는 방식이고, 간접적 규제(시장유인적 규제)는 규제의 상대방으로 하여금 규제방식에 대한 선택권을 부여하는 방식이다. 오염허가서 또는 오염물질 배출권은 일정한 경제적 부담을 통해 오염물질 배출에 대한 권리를 인정받는 방식으로 대표적인 간접적 규제 방식에 해당한다.

① 교정적 조세(피구세 : Pigouvian tax)는 부정적 외부효과를 해결하기 위한 방식으로서 사회 전체적인 최적의 생산수준에서 발생하는 외부효과의 양에 해당하는 만큼의 조세를 모든 생산물에 대해 부과하는 방법이다.

② 긍정적 외부효과(외부경제)를 유발하는 기업에 대해서는 과소공급을 막기 위한 보조금 지급이 해결 수단이 된다.

③ 코우즈의 정리(R.Coase theorem)는 소유권의 명확화를 통해 시장에서 외부효과가 발생하더라도 당사자 간의 자발적인 협상 등 시장기제에 의해 외부효과가 해결될 수 있다는 이론이다.

21 ④

④ 주민소환대상은 선출직 지방공직자이며 비례대표 지방의원은 제외한다.

22 ①

① 아이오와(Iowa) 대학에서는 리더의 행태(행태론)에 따라 권위주의형, 민주형, 자유방임형의 세 가지 유형으로 구분하였다.

※ **피들러(Fiedler)의 상황적응모형**

LPC(Least Preferred Coworker;가장 선호하지 않는 동료) 척도에 따라 과업지향 리더십(I)와 관계지향 리더십(C)으로 구분하였다. 또한 리더와 부하의 신뢰 정도, 직위권력, 과업구조의 명확성 정도 등 상황변수도 고려하였다.

23 ①

① 품목별 예산제도(LIBS)에 대한 설명이다.

※ **프로그램 예산제도**

㉠ 동일한 정책을 수행하는 단위사업의 묶음(프로그램)을 중심으로 예산을 편성한다.

㉡ 프로그램 중심의 예산편성을 함으로써 성과지향적 예산 편성 및 운용이 가능하다.

㉢ 기본구조 : 정부의 기능 – 정책 – 프로그램 – 단위사업의 계층구조로 이루어진다.

24 ②

㉢ 하위정부론은 정책분야별로 <u>이익집단, 의회 상임위원회, 해당 관료조직</u> 3자가 폐쇄적 은밀한 결탁을 하고 정책에 중요한 영향력을 행사한다는 이론이다.

25 ④

④ 주민은 그 지방자치단체의 장과 지방의회의원을 소환할 권리를 가진다. 단, 비례대표 지방의회의원은 제외된다.

제2회 정답 및 해설

✎ 국어

1 ②

② 읽다[일따]→읽다[익따]

※ 표준발음법 제11항

겹받침 'ㄺ, ㄻ, ㄿ'은 어말 또는 자음 앞에서 각각 [ㄱ, ㅁ, ㅂ]으로 발음한다.

※ '뱃속'은 [밷쏙/배쏙], '금융'은 [금늉/그뮹]으로 두 가지 발음을 인정한다.

2 ③

① 그 사고는 여러 가지 규칙을 <u>도외시하였기</u> 때문이야.

② 사실상 여자 대 남자의 <u>대리전으로밖에는</u> 보이지 않아.

④ 금연을 한 만큼 네 건강이 어느 정도까지 <u>회복될지</u> 궁금해.

3 ②

② **낯섦** : 형용사 '낯설다'의 어간 '낯설–'에 명사형 전성어미 '–ㅁ'이 붙은 것으로 어미는 품사를 바꾸지는 않는다.

① **보기** : 동사 '보다'의 어간 '보–'에 접미사 '–기'가 붙어 명사가 되었다.

③ **낮추다** : 형용사 '낮다'의 어간 '낮–'에 접미사 '–추–'가 붙어 동사가 되었다.

④ **꽃답다** : 명사 '꽃'에 접미사 '–답다'가 붙어 형용사가 되었다.

4 ②

② 다양한 의견을 지닌 주체들이 서로 어우러지면서도 야합하지 않는다고 했으므로 '남과 사이좋게 지내기는 하나 무턱대고 어울리지는 아니함'을 뜻하는 ②가 적절하다.

① 같은 소리끼리는 서로 응하여 울린다는 뜻으로, 같은 무리끼리 서로 통하고 자연히 모인다는 말이다.

③ 사람이 날 때는 다 같은 소리를 가지고 있으나, 자라면서 그 나라의 풍속으로 인해 서로 달라짐을 이르는 말이다.

④ 서로 적의를 품은 사람들이 한자리에 있게 된 경우나 서로 협력하여야 하는 상황을 비유적으로 이르는 말이다.

5 ②

② 밀양 – Miryang, 밀양은 [밀량]이 아닌 [미량]으로 발음되므로 'll'이 아닌 'r'로 표기된다.

6 ①

① 콧망울→콧방울

7 ②

ⓒ에서 '그러나'는 앞 문장에서 언급한 내용을 긍정하면서도 뒤에 나올 문장을 강조하는 역할의 접속 부사로 쓰였다. 고치지 않아도 되는 문장이다.

8 ②

② 비나리치다 : 아첨을 해가며 환심을 사다.

9 ②

언어의 특성

㉠ **기호성** : 언어는 일정한 내용을 일정한 형식으로 나타내는 기호 체계

㉡ **자의성** : 일정한 내용을 일정한 형식으로 나타낼 때, 내용과 형식 사이에는 필연적인 관련성이 없음

㉢ **사회성** : 언어는 그 언어를 사용하는 사람들 사이의 약속이기 때문에, 개인이 임의로 바꿀 수 없음

ⓔ **역사성** : 언어는 시간의 흐름에 따라 끊임없이 사라지고 새로 생기고 변함

ⓜ **규칙성** : 언어에는 반드시 지켜야 하는 규칙이 있음

ⓗ **창조성** : 언어로 무한히 많은 말들을 만들어 표현할 수 있음

10 ④

훈민정음 28자모

자음(17개)	ㄱ, ㅋ, ㆁ, ㄷ, ㅌ, ㄴ, ㅂ, ㅍ, ㅁ, ㅈ, ㅊ, ㅅ, ㆆ, ㅎ, ㅇ, ㄹ, ㅿ
모음(11개)	·, ㅡ, ㅣ, ㅗ, ㅏ, ㅜ, ㅓ, ㅛ, ㅑ, ㅠ, ㅕ

11 ④

제시된 작품은 정지용의 '인동차'로, 산중 고절의 집 안팎의 풍경을 소재로 탈속고절의 정신세계에 대한 지향을 담고 있다.

④ '잠착하다'는 '한 가지 일에만 정신을 골똘하게 쓰다'의 의미이다.

12 ①

㉠ **가물에 도랑 친다** : 한창 가물 때 애쓰며 도랑을 치느라고 분주하게 군다는 뜻으로, 아무 보람도 없는 헛된 일을 하느라고 부산스레 굶을 비유적으로 이르는 말

㉡ **까마귀 미역 감듯** : 까마귀는 미역을 감아도 그냥 검다는 데서, 일한 자취나 보람이 드러나지 않음을 비유적으로 이르는 말

13 ③

㈐ : 화제 제시 → ㈑ : ㈐의 이유 → ㈓ : 화제 전환(역접) → ㈏ : ㈐의 행복과 ㈓의 행복에 대한 비교 → ㈎ : 결론

14 ④

두 번째 문단 첫 문장인 '그렇다면 홍명희는 왜 소설 『임꺽정』에서 그를 의적으로 그렸을까?'와 뒤에 이어진 문장으로 미루어 보아 ④가 적절하다.

15 ②

애매어의 오류란 두 가지 이상의 의미를 가진 말을 동일한 의미의 말인 것처럼 애매하게 사용하거나 이해함으로써 생기는 오류다. ②는 '부패'를 동일한 의미로 사용해 잘못된 결론을 내리고 있다.

③ 분해의 오류의 예시로 적절하다.

④ 결합의 오류의 예시로 적절하다.

16 ②

② 무스가 소화를 잘 시키기 위해 식물을 가려먹는 습성이 있다는 것은 지문에 나와 있지 않다.

17 ②

② 두 번째 문단 첫 머리에서 '인디언들이 죽은 주된 요인은 구세계의 병원균'이었고, '인디언들은 그런 질병에 노출된 적이 없었으므로 면역성이나 유전적인 저항력이 전혀 없었다'고 언급하고 있다.

① 유럽은 구세계였고, 아메리카는 신세계였다.

③ 만단족 인디언들의 인구 감소는 세인트루이스에서 미주리 강을 타고 거슬러 올라온 한 척의 증기선 때문에 걸린 천연두 때문이었다.

④ 콜럼버스 이전에 북아메리카에는 약 2000만 명에 달하는 인디언들이 있었다.

18 ④

㉠ 사실적 묘사   ㉡ 활유법   ㉢ 청각의 시각화

19 ③

㈐는 노래를 통해 시름을 잊겠다는 신흠의 시조로 개인의 정서를 표출하고 있으며 나머지는 교술성이 강한 시조들이다.

① 이황의 '도산십이곡'으로 '학문에 대한 정진'이 글의 주제이다.

② 정철의 '훈민가'로 '부모에 대한 효도'가 글의 주제이다.

④ 변계량의 시조로 '義(의)를 따르는 삶을 살겠다'는 것이 주제이다.

20 ①

㉠ 대전제 : 동양인인 나는 동양을 알아야 한다.

㉡ 소전제

- '동양은 동양이다'라는 토톨러지(tautology)나 '동양은 동양이어야 한다'라는 당위 명제가 성립하기 위해서는 (동양인인 나는 동양을 알아야 한다).
- 우리는 동양을 너무도 몰랐다.

㉢ 결론 : 동양이 서양을 해석하는 행위는 실제적으로 부재해 왔다.

21 ④

④ '김정호는 정밀한 지도의 보급이라는 사회적 욕구와 변화를 인식하고 그것을 실현하였던 측면에서 더욱 빛을 발한다.'라는 문장을 통해 지도 제작이 국가의 과제가 아닌 사회적 욕구와 변화에 의한 것임을 알 수 있다.

22 ①

제시된 문장은 주어(해결책)와 서술어(달려 있다)가 호응하지 않는다. 따라서 주어(해결책)와 서술어(것이다)가 호응하는 ①이 정답이다.

23 ①

① 각박한 현실에 안주하지 못하는 결핍의 현대인들의 동경의 세계를 표현하였다는 점을 미루어 볼 때 당대 사회의 모습을 보여주는 지표가 될 수 있다는 반영론적 관점으로 볼 수 있다.

24 ④

밑줄 친 부분에서 화살은 진림 자신을, 시위는 주군인 원소를 비유하며 시위에 올라 날아가는 것은 격문을 써 조조를 꾸짖은 일을 말한다.

25 ③

제시문은 주요섭의 '미운 간호부'로 합리성이라는 명목 아래 비정화 되어가는 문명사회를 비판하며, 사라져가는 인정에 대한 안타까움을 그리고 있다.

✒ **행정법**

1 ②

② 행정절차법 제50조(의견제출) … 행정지도의 상대방은 해당 행정지도의 방식·내용 등에 관하여 행정기관에 의견제출을 할 수 있다.

2 ③

③ 신행정수도건설이나 수도이전의 문제가 정치적 성격을 가지고 있는 것은 인정할 수 있지만, 그 자체로 고도의 정치적 결단을 요하여 사법심사의 대상으로 하기에는 부적절한 문제라고까지는 할 수 없다. 더구나 이 사건 심판의 대상은 이 사건 법률의 위헌여부이고 대통령의 행위의 위헌여부가 아닌바, 법률의 위헌여부가 헌법재판의 대상으로 된 경우 당해법률이 정치적인 문제를 포함한다는 이유만으로 사법심사의 대상에서 제외된다고 할 수는 없다(헌재 2004. 10. 21. 2004헌마554 등).

3 ④

④ 어느 법인이 공공기관의 정보공개에 관한 법률 제2조 제3호, 같은 법 시행령 제2조 제4호에 따라 정보를 공개할 의무가 있는 '특별법에 의하여 설립된 특수법인'에 해당하는지 여부는, 국민의 알 권리를 보장하고 국정에 대한 국민의 참여와 국정운영의 투명성을 확보하고자 하는 위 법의 입법 목적을 염두에 두고, 해당 법인에게 부여된 업무가 국가행정업무이거나 이에 해당하지 않더라도 그 업무 수행으로써 추구하는 이익이 해당 법인 내부의 이익에 그치지 않고 공동체 전체의 이익에 해당하는 공익적 성격을 갖는지 여부를 중심으로 개별적으로 판단하되, 해당 법인의 설립 근거가 되는 법률이 법인의 조직구성과 활동에 대한 행정적 관리·감독 등에서 민법이나 상법 등에 의하여 설립된 일반 법인과 달리 규율한 취지, 국가나 지방자치단체의 해당 법인에 대한 재정적 지원·보조의 유무와 그 정도, 해당 법인의 공공적 업무와 관련하여 국가기관·지방자치단체 등 다른 공공기관에 대한 정보공개청구와는 별도로 해당 법인에 대하여 직접 정보공개청구를 구할 필요성이 있는지 여부 등을 종합적으로 고려하여야 한다(대판 2010. 12. 23. 선고 2008두13101).

4 ④

④ • 병역법상 신체등위판정은 행정청이라고 볼 수 없는 군의관이 하도록 되어 있으며, 그 자체만으로 바로 병역법상의 권리의무가 정하여지는 것이 아니라 그에 따라 지방병무청장이 병역처분을 함으로써 비로소 병역의무의 종류가 정하여지는 것이므로 항고소송의 대상이 되는 행정처분이라 보기 어렵다(대법원 1993. 8. 27. 선고 93누3356).

• 산업재해보상보험법상 장해보상금 결정의 기준이 되는 장해등급결정은 처분이다(대법원 2002. 4. 26. 선고 2001두8155).

5 ④

④ 공청회 개최 사유가 아니라, '청문'을 하는 경우에 해당한다. 공청회를 개최하는 경우는 1) 다른 법령등에서 공청회를 개최하도록 규정하고 있는 경우, 2) 해당 처분의 영향이 광범위하여 널리 의견을 수렴할 필요가 있다고 행정청이 인정하는 경우이다.

※ 의견청취〈행정절차법 제22조〉

행정청이 처분을 할 때 다음 각 호의 어느 하나에 해당하는 경우에는 청문을 한다.

ㄱ 다른 법령등에서 청문을 하도록 규정하고 있는 경우

ㄴ 행정청이 필요하다고 인정하는 경우

ㄷ 다음 각 목의 처분 시 제21조 제1항 제6호에 따른 의견제출기한 내에 당사자등의 신청이 있는 경우

• 인허가 등의 취소

• 신분·자격의 박탈

• 법인이나 조합 등의 설립허가의 취소

6 ③

ㄱ [O] 국가공무원법 제16조(행정소송과의 관계) 제2항 ··· 제1항에 따른 행정소송을 제기할 때에는 대통령의 처분 또는 부작위의 경우에는 소속 장관(대통령령으로 정하는 기관의 장을 포함한다. 이하 같다)을, 중앙선거관리위원회위원장의 처분 또는 부작위의 경우에는 중앙선거관리위원회사무총장을 각각 피고로 한다.

ㄴ [×] 내부위임의 경우 위임과는 달리 처분권한이 이전되지 않으므로, 피고는 위임기관인 국토교통부 장관이다. 내부위임의 경우에는 처분권한이 이전되지 않기 때문이다. 다만, 수임청이 자신의 명의로 처분을 하였다면 피고는 수임청이 된다.

ㄷ [O] 헌법재판소법 제17조(사무처) 제5항 ··· 헌법재판소장이 한 처분에 대한 행정소송의 피고는 헌법재판소 사무처장으로 한다.

ㄹ [O] 권한의 위임이 있으면 위임청의 권한이 수임청으로 완전히 넘어가므로, 취소소송의 피고는 수임청인 서울특별시장이 된다.

7 ①

① 행정대집행법 제2조(대집행과 그 비용징수) ··· 법률(법률의 위임에 의한 명령, 지방자치단체의 조례를 포함한다. 이하 같다)에 의하여 직접 명령되었거나 또는 법률에 의거한 행정청의 명령에 의한 행위로서 타인이 대신하여 행할 수 있는 행위를 의무자가 이행하지 아니하는 경우 다른 수단으로써 그 이행을 확보하기 곤란하고 또한 그 불이행을 방치함이 심히 공익을 해할 것으로 인정될 때에는 당해 행정청은 스스로 의무자가 하여야 할 행위를 하거나 또는 제삼자로 하여금 이를 하게 하여 그 비용을 의무자로부터 징수할 수 있다.

8 ②

② 구 여객자동차운수사업법 제76조 제1항 제15호, 같은 법 시행령 제29조에는 관할관청은 개인택시운송사업자의 운전면허가 취소된 때에 그의 개인택시운송사업면허를 취소할 수 있도록 규정되어 있을 뿐 그에게 운전면허 취소사유가 있다는 사유만으로 개인택시운송사업면허를 취소할 수 있도록 하는 규정은 없으므로, 관할관청으로서는 비록 개인택시운송사업자에게 운전면허 취소사유가 있다 하더라도 그로 인하여 운전면허 취소처분이 이루어지지 않은 이상 개인택시운송사업면허를 취소할 수는 없다(대법원 2008. 5. 15. 선고 2007두26001).

9 ③

㉠ [×] 산재보상법상 각종 보험급여 등의 지급결정을 변경 또는 취소하는 처분과 처분에 터 잡아 잘못 지급된 보험급여액에 해당하는 금액을 징수하는 처분이 적법한지를 판단하는 경우 <u>비교·교량할 각 사정이 동일하다고는 할 수 없으므로, 지급결정을 변경 또는 취소하는 처분이 적법하다고 하여 그에 터 잡은 징수처분도 반드시 적법하다고 판단해야 하는 것은 아니다</u>(대법원 2014. 7. 24. 선고 2013두27159).

10 ③

③ 행정소송법 제28조(사정판결) 제1항 … 원고의 청구가 이유있다고 인정하는 경우에도 처분등을 취소하는 것이 현저히 공공복리에 적합하지 아니하다고 인정하는 때에는 법원은 원고의 청구를 기각할 수 있다. <u>이 경우 법원은 그 판결의 주문에서 그 처분등이 위법함을 명시하여야 한다.</u>
→ 처분의 위법성에 대해 기판력이 발생한다.

① 행정소송법 제30조(취소판결등의 기속력) 제1항 … <u>처분등을 취소하는 확정판결은</u> 그 사건에 관하여 당사자인 행정청과 그 밖의 관계행정청을 기속한다.
→ 위 취소소송에서의 기속력 관련 조항과 마찬가지로 취소소송 외의 항고소송과 당사자소송에도 위 조항을 준용하는 규정(동법 제38조, 제44조)을 두고 있다. '당사자인 행정청과 그 밖의 관계행정청이 확정판결의 취지에 따라 행동하도록 하는 구속하는 효력'인 기속력은 행정소송에서 인용판결에 한하여 인정된다.

② 동법 제29조(취소판결등의 효력) 제1항 … 처분등을 취소하는 확정판결은 제3자에 대하여도 효력이 있다.

④ <u>과세처분 취소청구를 기각하는 판결이 확정되면 그 처분이 적법하다는 점에 관하여 기판력이 생기고 그 후 원고가 이를 무효라 하여 무효확인을 소구할 수 없는 것이어서 과세처분의 취소소송에서 청구가 기각된 확정판결의 기판력은 그 과세처분의 무효확인을 구하는 소송에도 미친다.</u>(대법원 1998. 7. 24. 98다10854)

11 ②

② 법원이 행정청의 정보공개거부처분의 위법 여부를 심리한 결과 공개를 거부한 정보에 비공개대상정보에 해당하는 부분과 공개가 가능한 부분이 혼합되어 있고 공개청구의 취지에 어긋나지 아니하는 범위 안에서 두 부분을 분리할 수 있음을 인정할 수 있을 때에는, 위 정보 중 공개가 가능한 부분을 특정하고 판결의 주문에 행정청의 위 거부처분 중 공개가 가능한 정보에 관한 부분만을 취소한다고 표시하여야 한다(대판 2003. 3. 11, 2001두6425).

③ • 공공기관의 정보공개에 관한 법률 제19조(행정심판) 제2항 … 청구인은 제18조에 따른 이의신청 절차를 거치지 아니하고 행정심판을 청구할 수 있다.
• 동법 제20조(행정소송) 제1항 … 청구인이 정보공개와 관련한 공공기관의 결정에 대하여 불복이 있거나 정보공개 청구 후 20일이 경과하도록 정보공개 결정이 없는 때에는 「행정소송법」에서 정하는 바에 따라 행정소송을 제기할 수 있다.
→ 정보공개와 관련한 공공기관의 처분에 대하여 이의신청을 거치지 않고 행정심판을 청구할 수 있으며, 행정소송의 경우에도 필수적 행정심판전치주의를 취하고 있지 않으므로 행정심판 청구 없이 행정소송을 제기할 수 있다. 따라서 이의신청을 거치지 않고 직접 행정소송을 제기할 수 있다.

12 ①

① 행정심판법 제40조(심리의 방식) 제1항
② 행정심판법상 행정심판의 종류로는 취소심판, 무효등확인심판, 의무이행심판이 있다〈행정심판법 제5조〉.
③ 재결청은 없애고 행정심판위원회로 행정심판기관을 일원화하였다.
④ 무효등확인심판에는 사정재결을 준용하지 않는다.

13 ①

ⓐⓒⓔ [특허] 특정인의 이익을 위하여 일정한 법률적 권리나 능력, 포괄적 법률관계를 설정하는 행위로, 버스운송사업면허, 보세구역의 설치·운영에 관한 특허, 공유수면매립허가 등이 그 예이다.

ⓑⓓ [허가] 허가란 '법령에 의하여 일반적으로 금지되어 있는 행위를 특정의 경우 특정인에 대해 해제하는 처분'으로, 공중목욕탕 영업허가, 산림형질변경 허가가 이에 해당한다.

ⓕⓖ [인가] 제3자의 법률행위를 보충하여 그 법률상 효력을 완성시켜 주는 행정행위이다. 공공조합의 정관변경허가, 특허기업의 사업양도허가 등이 있다.

14 ②

② 질서위반행위규제법은 질서위반행위의 성립요건과 과태료의 부과·징수 및 재판 등에 관한 사항을 규정하고 있다〈동법 제1조(목적) 및 제2조(정의) 제1호 참조〉.

15 ③

③ 하자 있는 행정처분이 당연 무효가 되기 위해서 그 하자가 중대할 뿐만 아니라 명백한 것이어야 하는데, <u>일반적으로 법률이 헌법에 위반된다는 사정은 헌법재판소의 위헌결정이 있기 전에는 객관적으로 명백한 것이라고 할 수 없으므로 특별한 사정이 없는 한 이러한 하자는 위 행정처분의 취소사유에 해당할 뿐 당연무효사유는 아니라고 보아야 한다</u>(대판 2000. 6. 9, 2000다16329).

① 하자 있는 행정행위의 치유나 전환은 행정행위의 성질이나 법치주의의 관점에서 볼 때 원칙적으로 허용될 수 없는 것이지만, 예외적으로 행정행위의 무용한 반복을 피하고 당사자의 법적 안정성을 위해 이를 허용하는 때에도 국민의 권리와 이익을 침해하지 않는 범위에서 구체적 사정에 따라 합목적적으로 인정해야 한다(대법원 1983.7.26, 82누420).

④ 병역법상 보충역편입처분과 공익근무요원 소집처분은 각각 단계적으로 별개의 법률효과를 발생하는 독립된 행정처분이어서, 선행처분인 보충역편입처분의 효력을 다투지 아니하여 불가쟁력이 생긴 경우 선행처분의 하자를 이유로 후행처분인 공익근무요원 소집처분의 효력을 다툴 수 없다(대법원 2002.12.10, 2001두5422).

16 ③

③ • 개인정보 보호법 제40조(설치 및 구성) 제1항 … 개인정보에 관한 분쟁의 조정을 위하여 <u>개인정보 분쟁조정위원회</u>(이하 "분쟁조정위원회"라 한다)를 둔다.

• **동법조 제2항** … 분쟁조정위원회는 위원장 1명을 포함한 20명 이내의 위원으로 구성하며, 위원은 당연직위원과 위촉위원으로 구성한다.

① 동법 제2조(정의) 제5호

② 동법 제25조(영상정보처리기기의 설치·운영 제한) 제5항

④ 동법 제4조(정보주체의 권리) 제4호

17 ③

③ 「폐기물 관리법령」에 의한 폐기물처리업 사업계획에 대한 적정통보와 「국토의 계획 및 이에 관한 법령」에 의한 국토이용계획변경은 제도적 취지가 다르므로, 폐기물처리업 사업계획에 대하여 적정통보를 한 것만으로 그 사업부지인 토지에 대한 국토이용계획변경신청을 승인한다는 취지의 공적인 견해를 표명한 것으로 볼 수는 없다(대판 2005.4.28. 2004두8828).

① 행정의 법률적합성원칙과 신뢰보호원칙이 충돌할 경우 비교교량하여 어느 것을 우위에 둘 것인가를 정하여야 한다는 이익형량설이 통설과 판례의 태도이다.

② 행정청의 공적 견해표명이 있었는지를 판단할 때에는 행정조직상의 형식적인 권한분장에 구애될 것이 아니고 담당자의 조직상의 지위와 임무, 당해 언동을 하게 된 구체적인 경위 등에 의하여 판단하여야 한다(대판 2008.1.17. 2006두10931).

④ 귀책사유라 함은 행정청의 견해표명의 하자가 상대방 등 관계자의 사실은폐나 기타 사위의 방법에 의한 신청행위 등 부정행위에 기인한 것이거나 그러한 부정행위가 없다고 하더라도 <u>하자가 있음을 알았거나 중대한 과실로 알지 못한 경우</u> 등을 의미한다(대법원 2002.11.8, 2001두1512).

→신뢰보호원칙의 요건 중에 '귀책사유가 없을 것, 보호가치 있는 신뢰'가 있는데, 이와 같은 귀책사유가 있다면 보호가치 있는 신뢰라고 할 수 없다.

18 ②

① 행정절차법 제3장 신고
③ 동법 제2장(처분) 제2절 의견제출 및 청문
④ 동법 제4장 및 제5장

19 ②

② 남북정상회담의 개최는 고도의 정치적 성격을 지니고 있는 행위라 할 것이므로 특별한 사정이 없는 한 그 당부를 심판하는 것은 사법권의 내재적·본질적 한계를 넘어서는 것이 되어 적절하지 못하지만, 남북정상회담의 개최과정에서 재정경제부장관에게 신고하지 아니하거나 통일부장관의 협력사업 승인을 얻지 아니한 채 북한 측에 사업권의 대가 명목으로 송금한 행위 자체는 헌법상 법치국가의 원리와 법 앞에 평등원칙 등에 비추어 볼 때 사법심사의 대상이 된다(대판 2004.3.26, 2003도7878).

20 ①

② 행정소송법 제38조(준용규정) 제1항에서 무효등확인소송의 경우 준용규정 중에 취소소송의 제소기간 조항이 없지만, 동법조 제2항에서 부작위위법확인소송에서는 그를 준용한다고 규정하고 있다. 다만, 부작위위법확인소송에서 행정심판을 거치지 않았다면 제소기간의 제한이 없다고 보는 것이 일반적이다.

③ 부작위위법확인소송에서 부작위의 위법 판단의 기준시는 판결시(사실심 변론종결시)이다(대판 1992. 7. 28. 91누7361). → 소송에서 다툴 대상(처분)이 있는 취소소송과 무효등확인소송에서는 위법성 판단 기준을 처분시로 보지만, 부작위위법확인소송에서는 구체적 처분이 존재하지 않으므로 성질상 위법성 판단 기준을 판결시(사실심 변론종결시)로 본다.

④ **행정소송법 제2조(정의) 제1항 제2호** ··· "부작위"라 함은 행정청이 당사자의 신청에 대하여 상당한 기간내에 일정한 처분을 하여야 할 법률상 의무가 있음에도 불구하고 이를 하지 아니하는 것을 말한다. → '처분을 하지 않는다는 의사를 통지'하는 것은 '거부처분'에 해당하므로 부작위라고 할 수 없다.

21 ②

②③ 도시계획결정이 고시되면 도시계획구역 안의 토지나 건물소유자의 토지 형질변경, 건축물의 신축, 개축 또는 증축 등 권리행사가 일정한 제한을 받게 되는바, 이런 점에서 볼 때 고시된 도시계획결정은 특정 개인의 권리 내지 법률상의 이익을 개별적이고 구체적으로 규제하는 효과를 가져오게 하는 행정청의 처분이라 할 것이고, 이는 행정소송의 대상이 된다(대법원 1982.3.9, 80누105).
→ 구속적 행정계획인 도시계획결정의 처분성을 인정하였다.

① 도시기본계획은 도시의 기본적인 공간구조와 장기 발전방향을 제시하는 종합계획으로서 그 계획에는 토지이용계획, 환경계획, 공원녹지계획 등 장래의 도시개발의 일반적인 방향이 제시되지만, 그 계획은 도시계획입안의 지침이 되는 것에 불과하여 일반국민에 대한 직접적인 구속력은 없는 것이다(대법원 2002.10.11, 2000두8226).

④ 비구속적 행정계획안이나 행정지침이라도 국민의 기본권에 직접적으로 영향을 끼치고, 앞으로 법령의 뒷받침에 의하여 그대로 실시될 것이 틀림없을 것으로 예상될 수 있을 때에는, 공권력행위로서 예외적으로 헌법소원의 대상이 될 수 있다.(헌재 2000.06.01. 99헌마538 등)

22 ③

③ 도로교통법 제118조에서 규정하는 경찰서장의 통고처분은 행정소송의 대상이 되는 행정처분이 아니므로 그 처분의 취소를 구하는 소송은 부적법하고, 도로교통법상의 통고처분을 받은 자가 그 처분에 대하여 이의가 있는 경우에는 통고처분에 따른 범칙금의 납부를 이행하지 아니함으로써 경찰서장의 즉결심판청구에 의하여 법원의 심판을 받을 수 있게 될 뿐이다.(대판 1995.06.29, 95누4674)

① 국가가 본래 그의 사무의 일부를 지방자치단체의 장에게 위임하여 처리하게 하는 기관위임사무의 경우 지방자치단체는 국가기관의 일부로 볼 수 있고, 지방자치단체가 그 고유의 자치사무를 처리하는 경우 지방자치단체는 국가기관의 일부가 아니라 국가기관과는 별도의 독립한 공법인으로서 양벌규정에 의한 처벌대상이 되는 법인에 해당한다(대판 2009.06.11, 2008도6530).

② 행정청의 과태료 부과에 불복하는 당사자는 제17
조 제1항에 따른 과태료 부과 통지를 받은 날부터
60일 이내에 해당 행정청에 서면으로 <u>이의제기를
할 수 있다</u>〈질서위반행위규제법 제20조(이의제기)
제1항〉. 제1항에 따른 이의제기가 있는 경우에는
<u>행정청의 과태료 부과처분은 그 효력을 상실한다</u>
〈동법조 제2항〉.

④ 고의 또는 과실이 없는 질서위반행위는 과태료를
부과하지 아니한다.〈동법 제7조(고의 또는 과실)〉

23 ③

③ 행정소송이 보상금의 증감에 관한 소송인 경우 그
소송을 제기하는 자가 토지소유자 또는 관계인일
때에는 사업시행자를, 사업시행자일 때는 토지소유
자 또는 관계인을 각각 피고로 한다.〈공익사업을
위한 토지 등의 취득 및 보상에 관한 법률 제85조
제2항〉

① 오늘날 산업단지의 개발에 투입되는 자본은 대규
모로 요구될 수 있는데, 이러한 경우 산업단지개
발의 사업시행자를 국가나 지방자치단체로 제한한
다면 예산상의 제약으로 인해 개발사업의 추진에
어려움이 있을 수 있고, 만약 이른바 공영개발방
식만을 고수할 경우에는 수요에 맞지 않는 산업단
지가 개발되어 자원이 비효율적으로 소모될 개연
성도 있다. 또한 기업으로 하여금 산업단지를 직
접 개발하도록 한다면, 기업들의 참여를 유도할
수 있는 측면도 있을 것이다. 그렇다면 <u>민간기업
을 수용의 주체로 규정한 자체를 두고 위헌이라고
할 수 없으며</u>, 나아가 이 사건 수용조항을 통해
민간기업에게 사업시행에 필요한 토지를 수용할
수 있도록 규정할 필요가 있다는 입법자의 인식에
도 합리적인 이유가 있다 할 것이다. 따라서 <u>민간
기업에게 산업단지개발사업에 필요한 토지 등을
수용할 수 있도록 규정한「산업입지 및 개발에 관
한 법률」은「헌법」제23조 제3항에 위반되지 않는
다</u>(헌재2009.9.24. 2007헌바114).

② 「공공용지의 취득 및 손실보상에 관한 특례법」상
의 이주대책은 공공사업의 시행에 필요한 토지 등
을 제공함으로 인하여 생활의 근거를 상실하게 되
는 이주자들을 위하여 사업시행자가 기본적인 생
활시설이 포함된 택지를 조성하거나 그 지상에 주
택을 건설하여 이주자들에게 이를 그 투입비용 원

가만의 부담하에 개별 공급하는 것으로서, 그 본
래의 취지에 있어 이주자들에 대하여 종전의 생활
상태를 원상으로 회복시키면서 동시에 인간다운
생활을 보장하여 주기 위한 이른바 생활보상의 일
환으로 국가의 적극적이고 정책적인 배려에 의하
여 마련된 제도이다(대판 1994. 5. 24, 92다35783
전원합의체).

④ 공익사업을 위한 토지 등의 취득 및 보상에 관한
법률 제67조(보상액의 가격시점 등) 제1항

24 ④

④ 법인은 법인세 신고 시 세무조정사항을 기입한 소
득금액조정합계표와 유보소득 계산 서류인 적정유
보초과 소득조정명세서(을) 등을 신고서에 첨부하
여 제출하여야 하는데, 위 소득금액조정합계표 작
성요령 제4호 단서는 (…중략…) 위와 같은 작성요
령은 <u>법률의 위임을 받은 것이기는 하나 법인세의
부과징수라는 <u>행정적 편의를 도모하기 위한 절차
적 규정으로서 단순히 행정규칙의 성질을 가지는
데 불과하여 관세관청이나 일반국민을 기속하는
것이 아니다</u>(대법원 2003.9.5, 2001두403).

① 행정 효율과 협업 촉진에 관한 규정 제4조(공문서
의 종류)

25 ③

③ 건축허가는 시장·군수 등의 행정관청이 건축행정
상 목적을 수행하기 위하여 수허가자에게 일반적으로
행정관청의 허가 없이는 건축행위를 하여서는 안 된
는 상대적 금지를 관계 법규에 적합한 일정한 경우에
해제함으로써 일정한 건축행위를 하도록 회복시켜 주
는 행정처분일 뿐, 허가받은 자에게 새로운 권리나 능
력을 부여하는 것이 아니다. 그리고 건축허가서는 허
가된 건물에 관한 실체적 권리의 득실변경의 공시방법
이 아니며 그 추정력도 없으므로 <u>건축허가서에 건축주
로 기재된 자가 그 소유권을 취득하는 것은 아니며,
건축중인 건물의 소유자와 건축허가의 건축주가 반드
시 일치하여야 하는 것도 아니다</u>(대판 2009. 3. 12,
2006다28454).

1 ④

신공공서비스론에서는 정부의 역할을 시민과 지역공동체 내의 이익을 협상·중재하여 공유가치를 창출하는 사회봉사라고 생각한다. 이러한 맥락에서 관료의 동기 유발은 공공서비스, 사회에 기여하려는 욕구에서 기인한다고 볼 수 있다.

① 신공공관리론의 동기 유발 요인

②③ 전통적 정부관료제의 동기 유발 요인

2 ②

② 탈신공공관리론은 신공공관리론에 대한 비판적 관점에서 신공공관리론의 한계를 수정·보완하였다. 탈신공공관리론은 재집권화와 재규제를 주장한다.

3 ③

신행정론은 행정행태론 등 기존의 행정학을 비판하면서 대두된 가치주의의 행정학이다. 행정행태들이 강조하는 실증주의와 과학주의에서 벗어나 행정의 규범성, 가치의 발견과 실천, 개인과 조직의 윤리성, 고객 중심의 행정, 사회형평의 실현 등 현실의 문제를 해결하려고 하였다.

4 ①

① 인·허가, 등록 등 진입규제는 경제적 규제에 해당한다.

②③④ 사회적 규제에 해당한다.

5 ④

④ 사회적 효율성은 인간관계론의 등장과 함께 강조되었다. 과학적 관리론은 기계적 효율성을 강조하였다.

6 ②

딜레마란 '의사결정을 해야 할 정책결정자가 선택을 하지 못하고 있는 곤란한 상황'으로, 상충되는 대안 중에서 어느 하나를 선택하기에는 포기해야 하는 것에서 오는 손실이 너무 크기 때문에 어느 쪽도 선택하기 어려운 상황이라고 할 수 있다. 딜레마의 구성 요소로는 두 개의 대안 존재, 대안의 분절성, 가치의 균형성, 양립불가능성, 선택불가피성 등이 있다.

① 부정확한 정보와 의사결정자의 결정 능력 한계가 아닌 상충되는 대안 중 선택과 포기로 인해 발생하는 딜레마 상황에 주목한다.

③④ 딜레마 상황의 두 대안은 절충이 불가능한 분절성을 가진다. 어떤 식의 결정이든 해야 함을 의미하는 것은 선택불가피성이다.

7 ①

① 롤스는 자유와 평등의 조화를 추구하는 중도적 입장을 취한다.

8 ②

② 재정당국이 분야별·부문별 지출한도를 제시하면, 각 중앙부처는 소관 정책과 우선순위에 입각해 자율적으로 지출한도 내에서 사업의 재원을 배분한다.

9 ①

① 포스트모더니즘은 보편적 진리보다는 맥락 의존적인 진리를 강조한다.

10 ③

③ 관료정치모형은 정책결정의 주체를 정책결정에 참여하는 관료들 개인으로 상정한다. 이는 정부를 단일 주체로 보는 합리적 행위자 모형이나 하위조직인 부처를 주체로 보는 조직과정모형과 크게 구별된다. 즉, 관료정치모형은 정책결정 참여에 있어 여러 다양한 문제에 관심을 갖는 다수의 행위자를 상정하며 이들의 목표는 일관되지 않다고 본다.

① 합리적 행위자 모형은 정부를 잘 조직된 유기체로 본다. 정책은 정부에 의해 결정되며, 참여자들은 모두가 국가 이익을 위한 정책을 합리적인 방법으로 선택한다고 가정한다.

② 조직과정모형은 사이어트와 마치가 제안한 회사모형을 바탕으로 하는데, 회사모형과 마찬가지로 불확실성을 회피하기 위해 경험을 통해 학습하게 된 행동규칙인 표준운영절차나 프로그램목록에 의존한다.

④ 외교안보문제 분석에 있어서 설명력을 높이기 위한 대안적 모형으로 조직과정모형을 고려한다.

11 ④

④ 국유지 불하 정책은 정부가 특정의 개인이나 집단에 재화나 용역 또는 지위·권리 등의 가치를 분배해 주는 것으로 분배정책의 사례에 해당한다.

※ **로위(T. J. Lowi)의 정책 유형**

　㉠ **구성정책** : 정부기관의 신설 및 변경 또는 정치체제의 조직 변경 등에 관한 정책

　㉡ **규제정책** : 개인이나 집단의 활동에 대하여 정부가 가하는 규제나 간섭 등과 관련된 정책

　㉢ **분배정책** : 정부가 특정의 개인이나 집단에 재화나 용역 또는 지위·권리 등의 가치를 분배해 주는 것을 내용으로 하는 정책

　㉣ **재분배정책** : 한 사회내에서 계층별 또는 집단별로 나타나 있는 재산·소득·권리 등의 불균형적 분포 상태를 사회적 형평성의 이념에 입각하여 재정리·변화시키고자 하는 정책

12 ③

허시와 블랜차드의 리더십 이론

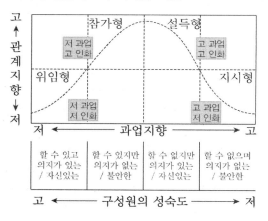

13 ③

시장실패에서 공공재의 문제, 외부효과의 문제, 자연독점의 문제, 불완전 경쟁의 문제, 불완전 정보의 문제, 소득분배의 불공평성 등의 요인은 정부의 개입이나 규제가 필요하다.

※ **시장실패 원인에 대응하는 정부의 방식**

구분	공적 공급	공적 유도	공적 규제
공공재의 존재	○		
외부효과의 발생		○ (외부경제)	○ (외부불경제)
자연독점	○		○
불완전 경쟁			○
정보비대칭		○	○

14 ①

② 정보체제의 안전성을 증진시키기 위해서는 초과분의 채널이나 코드가 있는 가외적 설계가 필요하다.

③ 불확실성이 커질수록 가외성의 필요성이 커진다.

④ 조직내외에서 가외성은 중첩과 중복으로 인한 기능상 충돌의 가능성을 크게 하고 책임의 모호성을 초래할 수 있다.

15 ②

② 소거(extinction)에 해당한다.

※ **강화의 유형**

종류	내용	예
긍정적 강화 (reinforcement)	바람직한 결과를 제공하여 바람직한 행동을 반복	맛있는 음식, 급료, 승진
부정적 강화 (avoidance)	바람직하지 않은 결과를 제거하여 바람직한 행동 반복	벌칙 제거, 괴로움 제거
소거 (extinction)	바람직한 결과를 제거함으로써 바람직하지 않은 행동 제거	급료인상 철회, 무반응
처벌 (punishment)	바람직하지 않은 결과를 제공하여 바람직하지 않은 행동 제거	질책, 해고

16 ②

② 신공공관리론과 뉴거버넌스는 모두 정부의 독점적 통치를 비판하면서 정부의 방향잡기 강조, 정부역할의 축소, 민관협력 등을 강조하므로 작은 정부를 지향한다.

※ 신공공관리론(NPM)과 신국정관리론

㉠ 신공공관리론(New Public Management)

- 개념 : 종래의 권력적 행정작용에서 벗어나 주민에게 효율적으로 공공서비스를 제공하는 작지만 강하고 효율적인 정부로 가기 위한 행정개혁의 시도로 볼 수 있다.

- 특징

－정부기능의 감축 및 공공부문의 시장화

－정부와 민간의 공동생산체제 확대

－행정조직을 비롯한 인사·재정의 신축성·탄력성 추구

－개방형 임용제

－절차·과정보다 결과·성과에 중점

－고위관리자의 개인적 책임·역할 강조

－성과급을 도입하고 근무성적평정제도를 강화

－기업형 정부 구현

－총체적 품질관리(TQM) 등에 의한 고객 지향적 행정관리

－예산회계규정의 완화

－정부규제의 개혁

㉡ 신국정관리론(New Governance)

- 개념 : 국정관리 이후의 개념으로 서비스연계망을 관리하는 정부의 활동을 의미한다.

- 특징

－정부 및 비정부조직에 의한 다양한 공공서비스의 제공

－신뢰를 기반으로 하는 상호작용

－네트워크(연계망)에 의한 공공서비스 공급을 담당

17 ③

③ 인허가와 관련된 업무를 처리할 때 급행료를 지불하거나 은행의 자금대출 시 커미션을 지불하는 것을 당연시하는 경우가 있는데 이를 구조화된(제도화된) 부패라고 한다. 일탈형 부패는 개인의 윤리적 일탈에 의해 발생하는 것이다.

18 ①

- 조례제정·개폐청구제도, 주민감사청구제도 : 1999년 8월 31일 지방자치법 개정으로 도입·시행

- 주민투표제도 : 1994년 3월 지방자치법에서 최초 도입(주민투표법 미제정으로 시행되지 못함)

  2003년 12월 29일 국회에서 주민투표법이 의결

  2004. 7월 30일부터 시행

- 주민소송제도 : 2005년 1월 27일 지방자치법 개정으로 도입·시행

- 주민소환제도 : 2006년 5월 24일 「주민소환에 관한 법률」 제정

  2006년 5월 24일 지방자치법 개정으로 주민소환제도에 대한 규정 신설

  2007년 5월 25일부터 시행(제주특별자치도는 2006년 7월 1일부터 시행)

19 ④

④ 암묵지는 학습과 경험을 통하여 개인에게 체화되어 있지만 겉으로 드러나지 않는 지식을 말한다. 지식관리의 대표적인 실패요인으로 암묵지에 대한 무관심을 들 수 있는데 따라서 암묵지를 적극적으로 형식지화하여 구성원 모두에게 공개해야 한다. 그러나 암묵지 자체를 축소하는 것은 지식행정의 특징으로 볼 수 없다.

20 ④

영기준 예산제도는 예산편성 시에 기존 사업을 근본적으로 재검토하여 예산의 삭감은 물론 중단이나 폐지도 고려할 수 있는 예산결정방식이다. 기획과 분석을 강조한다는 점에서 계획예산제도(PPBS)와 비슷하고 능률적인 관리를 위해서 구성원의 참여를 촉진한다는 점에서는 목표관리(MBO)와 유사하다.

④ 예산편성 시 전년도 예산기준이 아닌 영(zero)에서 출발한다.

21 ③

추정되는 원인과 발생한 결과의 적합성 정도는 내적 타당도와 관련된다. A와 B사이의 인과관계의 추론이 정확하기 위해서는 '시간적 선행조건', '공동변화의 조건', '경쟁가설 배제의 원칙'의 3가지를 충족해야 한다. 따라서 단순히 A라는 정책이 집행된 이후 그 목표인 B가 달성된 것만으로, A와 B 사이에 인과관계가 존재한다고 결론을 내릴 수는 없다.

22 ③

③ 공유지의 비극이란 개인과 공공의 이익이 서로 맞지 않을 때 개인의 이익만을 극대화한 결과 경제주체 모두가 파국에 이르게 된다는 이론이다. 즉, 한 사람의 선택 행위가 다른 사람에게 부정적인 외부효과를 초래하는 것이다.

④ 공유지의 비극은 외부효과를 내부화함으로써 어느 정도 해결할 수 있다. 그 방법에는 피구식 접근법과 코즈식 접근법이 있다. 피구식 접근법은 정부가 공유자원의 사용에 적절한 사용요금을 부과하는 방법이다. 코즈식 접근법은 공유지에 재산권을 할당(소유권 확립)하면 부정적 효과(풀이 사라짐)가 자기에게 귀속(내부화)되므로 공유지의 비극 현상을 막을 수 있다고 설명한다.

23 ④

예산의 전용은 행정과목 간의 예산의 융통으로 국회의 사전 동의 없이 기획재정부장관의 승인만으로도 용도 변경이 가능하다. 이는 예산집행의 신축성을 확대하지만, 재정민주주의는 저해한다.

24 ④

㉠ 일선관료의 재량권을 확대하는 것은 상향적 접근방법이 중시하는 효과적 정책집행의 조건이다.

25 ②

② 행정통제는 행정책임을 확보하기 위한 장치로서, 공무원 개인의 일탈에 대한 별도의 시정 노력이 지속적으로 수반된다.

제3회 정답 및 해설

✎ **국어**

1 ④
① 담쟁이덩쿨 → 담쟁이덩굴, 담쟁이넝쿨
② 벌러지 → 벌레, 버러지
③ 푸줏관 → 푸줏간
※ 기타 주의해야할 표준어 규정

바른 표기	잘못된 표기	바른 표기	잘못된 표기
강낭콩	강남콩	웃어른	윗어른
깡충깡충	깡총깡총	위층	웃층
끄나풀	끄나플	윗도리	웃도리
녘	녁	풋내기	풋나기
돌	돐	셋째	세째

2 ④
④ 상견례는 장음이 아닌 단음으로 [상견녜]로 발음된다.

3 ②
'늘리다'는 '물체의 넓이, 부피 따위를 본디보다 커지게 하다'라는 뜻을 가진다.
'붙다'는 '어떤 감정이나 감각이 생겨나다.'는 의미이다.
① '한겨울'은 한 단어이므로 붙여 쓴다.
③ 헬쑥한 → 핼쑥한 / 해쓱한
④ 걷잡아도 → 겉잡아도
　　걷잡다 : 한 방향으로 치우쳐 흘러가는 형세 따위를 붙들어 잡다.
　　겉잡다 : 겉으로 보고 대강 짐작하여 헤아리다.

4 ④
① '장소'의 의미를 갖는 부사격조사
② '비교'의 의미를 갖는 부사격조사
③ '자격'의 의미를 갖는 부사격조사

※ **조사의 종류**
　㉠ **격조사** : 체언이나 용언의 명사형 아래에서, 그 명사형이 문장 안에서 다른 말에 대하여 가지는 자리를 나타내는 조사
　㉡ **보조사** : 체언이 어떤 문장성분으로 쓰이는 데에 그 체언에 어떤 뜻을 첨가하여 주는 조사
　㉢ **접속조사** : 두 단어를 같은 자격으로 이어 주는 구실을 하는 조사

5 ②
① 무릎쓰고 → 무릅쓰고
③ 띈 → 띤
④ 벌렸다가 → 벌였다가

6 ②
② 구비문학은 계속적으로 변하며, 그 변화가 누적되어 개별적인 작품이 존재하는 특징을 지니므로 유동문학(流動文學), 적층문학(積層文學)이라고도 한다.

7 ③
언어의 분절성 … 언어는 연속적인 자연의 세계를 불연속적으로 끊어서 사용한다. 단어와 단어 사이가 분절된다는 것이나 자음과 모음이 나누어진다는 것이 그 예이다. 예로 연속된 무지개를 일곱 개의 색으로 나누어 표현하는 것과, 1분 1초 처럼 연속된 시간을 분절하여 나타내는 것이 있다.
① **추상성** : 언어는 개념을 단위로 하는데 개념은 추상화 과정을 거쳐 만들어진다.
② **자의성** : 형식(음성)과 내용(의미) 사이에는 아무런 필연성이 없다. 집단 언중들이 임의적으로 결합시킨 것으로, 언어는 사회마다 다르다.
④ **역사성** : 언어는 시대의 흐름에 따라 형태와 의미가 신생 · 성장 · 사멸한다.

8 ①

저지레 … 일이나 물건에 문제가 생기게 만들어 그르치는 일

9 ④

④ **千慮一失(천려일실)** : '천 번 생각에 한 번 실수'라는 뜻으로 슬기로운 사람이라도 여러 생각 가운데 잘못된 것이 있을 수 있음을 이르는 말이다.
① 좌고우면
② 불문곡직
③ 청출어람

10 ③

제시된 글은 윤선도의 '어부사시사' 중 춘사의 일부이다. 종장에서는 청신한 계절감각을 찾아보기 어렵다.

※ **현대어풀이**
동풍이 건듯 부니 물결이 고이 인다.
동쪽 호수를 돌아보며 서쪽 호수로 가자꾸나.
앞산 지나가고 뒷산이 나아온다.

11 ③

③ Ⅱ. 전개 1의 (다)는 문화 산업을 육성하자는 이 글의 주제와 맥락을 함께한다. 따라서 삭제해서는 안 된다.

12 ②

• 아아, 옛적에 거울을 보는 사람은 그 ㉠<u>맑은 것</u>을 취하기 위함이었지만, : 4번째 문장에서 "군자가 이것(거울)을 보고 그 맑은 것을 취한다."라고 했으므로 ㉠에 들어갈 말은 '맑은 것'이 적절하다.
• 내가 거울을 보는 것은 그 ㉡<u>흐린 것</u>을 취하기 위함이니, : 5번째 문장에서 "지금 그대의 거울은 흐릿하고"라고 했으므로 ㉡에 들어갈 말은 '흐린 것'이 적절하다.

13 ③

'㉢'은 위 글의 중심문장으로 맨 앞에 와야 하고 '㉢'의 뒤를 이어 과학과 종교에 대해 이야기 하고 있는 '㉠과 '㉣'이

와야 한다. 하지만 '㉣'이 '반면 ~으로 시작함으로 '㉣' 앞에 '㉠'이 옴을 알 수 있다. 그리고 '㉤'은 앞에 나온 과학과 종교에 대한 내용을 한 문장으로 요약하였기 때문에 '㉣' 뒤에 와야 한다. 끝으로 '㉡'은 다시 앞에 나온 '㉤'의 내용의 반론이자 저자의 중심 생각을 강조한 내용이므로 마지막 부분에 온다. 따라서 ③이 옳은 정답이다.

14 ③

③ 겉보기에는 먹음직스러운 빛깔을 띠고 있지만 실은 맛없는 개살구라는 뜻으로, 겉만 그럴듯하고 실속이 없는 경우를 비유적으로 이르는 말
① 내용이 좋으면 겉모양도 반반함을 비유적으로 이르는 말. 또는 겉모양새를 잘 꾸미는 것도 필요함을 비유적으로 이르는 말
② 불에 볶은 콩은 싹이 날 리가 없다는 뜻으로, 아주 가망이 없음을 비유적으로 이르는 말
④ 겉모양은 보잘것없으나 내용은 훨씬 훌륭함을 이르는 말

15 ③

③ 의존명사 '지', '만'은 모두 띄어 쓰는 것이 옳다.
※ 한글맞춤법 제5장 제43항 단위를 나타내는 명사는 띄어 쓴다. 다만, 순서를 나타내는 경우나 숫자와 어울리어 쓰이는 경우에는 붙여 쓸 수 있다.
  ① 옷∨한∨벌∨살∨돈이∨없다.
  ② 큰∨것은∨큰∨것대로∨따로∨모아∨둬라. ('대로'는 체언과 함께 쓰이면 의존명사가 아닌 조사이므로 앞 말에 붙여 쓴다.)
  ④ '난생처음'은 한 단어이므로 붙여 쓴다.

16 ①

①은 '이상향'을 의미하는 시어이며 ②③④는 '깃발'을 의미한다.

17 ④

제시문에 사용된 논리 전개 방식은 유추이다.
① 3단 논법(연역법)
② 대조
③ 귀납법

18 ④

㉠의 '타다'는 '탈 것이나 짐승의 등 따위에 몸을 얹다'는 뜻으로 유사한 의미는 '어떤 조건이나 시간, 기회 등을 이용하다'의 의미로 ④이다.

① 복이나 재주, 운명 따위를 선천적으로 지니다.
② 악기의 줄을 퉁기거나 건반을 눌러 소리를 내다.
③ 부끄럼이나 노여움 따위의 감정이나 간지럼 따위의 육체적 느낌을 쉽게 느끼다.

19 ③

사랑하는 사람과 이별하여 달을 보며 외로운 자신의 처지를 한탄하고 있다. ③은 「황조가」로 짝을 잃은 슬픔과 외로움을 나타내고 있어 글의 내용과 시적 상황이 가장 유사하다.

① 「공무도하가」로 임을 여읜 슬픔을 나타내고 있다.
② 허난설헌의 「빈녀음」으로 가난한 여인의 처지를 나타내고 있다.
④ 정지상 「송인」으로 이별의 슬픔을 나타내고 있다.

20 ③

괄호 뒤에 내용은 괄호의 내용에 대한 설명에 해당된다. 이해관계에 의해 국가 간의 관계가 바뀌는 사례에 대해 나오고, '그것은 오로지 소유에 바탕을 둔 이해관계 때문이다'는 문장을 통해 괄호 안에 들어갈 문장이 '소유욕은 이해와 정비례한다'가 됨을 알 수 있다.

21 ④

'몰두(沒頭)'의 한자를 보면 '沒(빠질 몰), 頭(머리 두)'로 보통 쓰이는 의미인 '어떤 일에 온 정신을 다 기울여 열중함'이 아닌, 글자 그대로의 의미로 짐짓 받아들여서 독자에게 웃음을 유발한다.

22 ④

제시된 글은 실험을 통해 학생들의 열심히 듣기와 강의에 대한 반응이 교수의 말하기에 미친 영향을 보여 주고 있다. 즉, 경청, 공감하며 듣기의 중요성에 대해 보여 주는 것이다.

23 ②

제시된 글에서 글쓴이는 경제의 글로벌화로 다양성이 증대되었다고 생각하기 쉽지만, 실제로는 다양성을 깨끗이 지워버리는 한편, 세계 전역에 걸쳐 지역마다의 문화적 특성까지도 말살하고 있다고 언급하고 있다. 따라서 이 글의 의도에 부합하는 반응은 ②이다.

24 ②

② 조간대 중부에 사는 생물의 종류는 언급되지 않았다.
① 셋째 문단에 '조간대를 찾았을 때 총알고둥류와 따개비들을 발견했다면 그곳이 조간대에서 물이 가장 높이 올라오는 지점인 것이다'를 통해 알 수 있다.
③ 조간대는 극단적이고 변화무쌍한 환경으로 이러한 불안정하고 척박한 바다 환경에 적응하기 위해 높이에 따라 수직으로 종이 분포한다(마지막 문단).
④ 둘째 문단을 통해 알 수 있다.

25 ②

첫 문장에서 인간사와 자연사의 차이를 언급한 후 '그런데'로 이어지는 둘째 문장에서 첫 문장과 반대되는 의견을 진술한다. 따라서 ㉠에는 인간사와 자연사를 이분법적 대립 구도로 파악하는 것은 옳지 않다는 내용이 들어가고, 뒤로 인간사와 자연사의 변증법적 지양과 일여한 합일을 지향했다는 내용이 이어지는 것이 자연스럽다.

1 ③

③ 주민들의 거주지 이동에 따른 주민등록전입신고에 대하여 행정청이 이를 심사하여 그 수리를 거부할 수는 있다고 하더라도, 그러한 행위는 자칫 헌법상 보장된 국민의 거주·이전의 자유를 침해하는 결과를 가져올 수도 있으므로, 시장·군수 또는 구청장의 주민등록전입신고 수리여부에 대한 심사는 주민등록법의 입법 목적의 범위 내에서 제한적으로 이루어져야 한다. 한편, 주민등록법의 입법 목적에 관한 제1조 및 주민등록 대상자에 관한 제6조의 규정을 고려해 보면, 전입신고를 받은 시장·군수 또는 구청장의 심사 대상은 전입신고자가 30일 이상 생활의 근거로 거주할 목적으로 거주지를 옮기는지 여부만으로 제한된다고 보아야 한다. 따라서 전입신고자가 거주의 목적 이외에 다른 이해관계에 관한 의도를 가지고 있는지 여부, 무허가 건축물의 관리, 전입신고를 수리함으로써 당해 지방자치단체에 미치는 영향 등과 같은 사유는 주민등록법이 아닌 다른 법률에 의하여 규율되어야 하고, 주민등록전입신고의 수리 여부를 심사하는 단계에서는 고려 대상이 될 수 없다(대법원 2009.6.18, 2008두 10997 전원합의체 판결).

② 사인의 공법행위는 사인의 행위만으로 공법적 효과를 가져오는 '자기완결적 공법행위', 국가나 지방자치단체의 행위의 전제요건이 되는 '행위요건적 공법행위'로 구분할 수 있다.

④ 수리를 요하는 신고에서의 수리는 '준법률행위적 행정행위'이고, 허가제의 허가는 '법률행위적 행정행위' 중 명령적 행위에 속한다.

2 ①

② 판례는 계획보장청구권(계획존속청구권, 계획이행청구권, 계획변경청구권)을 인정하지 않고 있다.

③ 국민적 구속력을 갖는 행정계획은 공권력의 행사로 볼 수 있지만, 구속력을 갖지 않고 사실상의 준비행위나 사전안내 또는 행정기관 내부의 지침에 지나지 않는 행정계획은 원칙적으로 헌법소원의 대상이 되는 공권력의 행사라 할 수 없다. 하지만, 비구속적 행정계획안이나 행정지침이라도 국민의 기본권에 직접적으로 영향을 끼치고, 앞으로 법령의 뒷받침에 의하여 그대로 실시될 것이 틀림없을 것으로 예상될 수 있을 때에는, 공권력 행위로서 예외적으로 헌법소원의 대상이 된다(헌재결 2012. 4. 3, 2012헌마164).

④ 장래 일정한 기간 내에 관계 법령이 규정하는 시설 등을 갖추어 일정한 행정처분을 구하는 신청을 할 수 있는 법률상 지위에 있는 자의 국토이용계획변경신청을 거부하는 것이 실질적으로 당해 행정처분 자체를 거부하는 결과가 되는 경우에는 예외적으로 그 신청인에게 국토이용계획변경을 신청할 권리가 인정된다고 봄이 상당하므로, 이러한 신청에 대한 거부행위는 항고소송의 대상이 되는 행정처분에 해당한다(대판 2003. 9. 23, 2001두 10936).

3 ④

① 재량권의 일탈이란 재량권의 외적 한계를 벗어난 것을 말하고, 재량권의 남용이란 재량권의 내적 한계를 벗어난 것을 말한다.

② 학설은 재량권의 일탈·남용을 구분하고 있지만, 판례는 명확히 구분하여 판시하지 않는다.

③ 재량권을 충분히 행사하지 아니한 경우도 재량권의 불행사로 본다.

4 ①

① 부령제정권은 각 부 장관이 갖는다. 국무총리 직속기관은 총리령으로 발하여야 한다.

② 헌법이 인정하고 있는 위임입법의 형식은 예시적인 것으로 보아야 할 것이고, 그것은 법률이 행정규칙에 위임하더라도 그 행정규칙은 위임된 사항만을 규율할 수 있으므로, 국회입법의 원칙과 상치되지도 않는다(헌재 2004.10.28, 99헌바91).

③ 집행명령은 법률의 집행을 위한 구체적·기술적 사항을 규율하기 위하여 발하는 명령으로 법률의 명시적 근거가 없어도 발할 수 있다.

④ 위임명령은 국민의 권리·의무 사항을 새로이 설정할 수 있기 때문에 법률유보원칙이 적용된다.

5 ④

① <u>조세범처벌절차법에 의하여 범칙자에 대한 세무관
서의 통고처분은 행정소송의 대상이 아니다</u>(대법원
1980.10.14, 80누380).

② <u>통고처분을 할 것인지의 여부는 관세청장 또는 세
관장의 재량에 맡겨져 있다고 할 것이고, 따라서
관세청장 또는 세관장이 관세범에 대하여 통고처
분을 하지 아니한 채 고발하였다는 것만으로는 그
고발 및 이에 기한 공소의 제기가 부적법하게 되
는 것은 아니라고 할 것이다</u>(대법원 2007.5.11,
2006도1993).

③ 도로교통법상의 통고처분을 받은 자가 그 처분에
대하여 이의가 있는 경우에는 통고처분에 따른 범
칙금의 납부를 이행하지 아니함으로써 <u>경찰서장의
즉결심판청구에 의하여 법원의 심판을 받을 수 있
게 될 뿐이다</u>(대법원 1995.6.29, 95누4674).

6 ④

④ 법률유보의 적용범위는 재량행위가 확대됨에 따라
그에 대한 통제차원에서 확대되고 있으며, 헌법재판소
는 중요사항유보설의 입장이다.

7 ②

② 사정판결을 하는 경우 처분의 위법성은 처분시를 기
준으로 판단하여야 한다. 단, 사정판결이 필요한지
여부에 대한 판단은 변론종결시를 기준으로 한다.

④ 기판력은 '확정된 재판의 판단 내용이 소송당사자
와 후소법원을 구속하고, 이와 모순되는 주장·판
단을 부적법으로 하는 소송법상의 효력'으로 인용
판결뿐 아니라 기각판결에도 발생한다. 반면에 기
속력은 인용판결에서만 인정된다. 기속력은 '법원
이나 행정기관이 자기가 한 재판이나 처분에 스스
로 구속되어 자유롭게 취소·변경할 수 없는 효력'
을 말한다.

8 ②

① 국유잡종재산은 사경제적 거래의 대상으로서 사적
자치의 원칙이 지배되고 있으므로 시효제도의 적
용에 있어서도 동일하게 보아야 하고, 국유잡종재
산에 대한 시효취득을 부인하는 동규정은 합리적
근거 없이 국가만을 우대하는 불평등한 규정으로
서 헌법상의 평등의 원칙과 사유재산권 보장의 이
념 및 과잉금지의 원칙에 반한다(헌재 1991.5.13.
89헌가97).

③ 조세에 관한 소멸시효가 완성되면 국가의 조세부
과권과 납세의무자의 납세의무는 당연히 소멸한다
할 것이므로 소멸시효완성 후에 부과된 부과처분
은 납세의무 없는 자에 대하여 부과처분을 한 것
으로서 그와 같은 하자는 중대하고 명백하여 그
처분의 효력은 당연무효이다(대판 1985.5.14. 선고
83누655).

④ 구 「예산회계법」 제98조에서 법령의 규정에 의한
<u>납입고지를 시효중단사유로 규정하고 있는바, 이
러한 납입고지에 의한 시효중단의 효력은 그 납입
고지에 의한 부과처분이 취소되더라도 상실되지
않는다</u>(대판 2000.9.8. 98두19933).

9 ④

④ 보상금의 증감에 관한 소송인 경우 그 소송을 제
기하는 자가 토지소유자 또는 관계인일 때에는 사업
시행자를, 사업시행자일 때에는 토지소유자 또는 관계
인을 각각 피고로 한다〈공익사업을 위한 토지 등의
취득 및 보상에 관한 법률 제85조 제2항〉.

10 ②

② 독촉은 체납처분의 전제요건이며 시효중단사유가
된다.

11 ①

② 행정벌은 과거의 의무 위반에 대한 제재수단으로
서 처벌이지만, 이행강제금은 장래에 의무의 이행
을 강제하기 위한 제재로서 직접적으로 행정작용
의 실효성을 확보하기 위한 수단이라는 점에서 서
로 다르다.

③ 질서위반행위규제법 제11조(법인의 처리등) 제1항 …
법인의 대표자, 법인 또는 개인의 대리인·사용인
및 그 밖의 종업원이 업무에 관하여 법인 또는 그
개인에게 부과된 법률상의 의무를 위반한 때에는
법인 또는 그 개인에게 과태료를 부과한다.
④ 일반형사소송절차에 앞선 절차로서의 통고처분은
형사소송절차라는 불복할 수 있는 별도의 절차가
존재하므로 항고소송의 대상이 되지 않는다.

12 ④
④ 명의신탁이 조세를 포탈하거나 법령에 의한 제한
을 회피할 목적이 아니어서 '부동산 실권리자명의
등기에 관한 법률 시행령' 제3조의2 단서의 과징금
감경사유가 있는 경우 과징금 감경 여부는 과징금
부과 관청의 재량에 속하는 것이므로, <u>과징금 부
과 관청이 이를 판단하면서 재량권을 일탈·남용
하여 과징금 부과처분이 위법하다고 인정될 경우,
법원으로서는 과징금 부과처분 전부를 취소할 수
밖에 없고, 법원이 적정하다고 인정되는 부분을
초과한 부분만 취소할 수는 없다</u>(대판 2010. 7.
15. 선고 2010두703).
① 판례는 재량행위, 기속행위 불문하고 절차적 하자
를 독립된 취소사유로 보고 있다.
② 판례는 처분사유의 추가·변경의 범위를 기속행위,
재량행위로 구분하지 않고, 기본적 사실관계의 동
일성이 유지되는 한도 내에서, 그리고 처분의 동일
성이 인정되는 한도 내에서 처분사유의 추가·변
경을 인정하고 있다.
③ 실체적 위법을 이유로 거부처분을 취소하는 판결
이 확정된 경우, 해당 행정행위가 기속행위인 경
우 원고의 신청을 인용하여야 할 의무가 발생하지
만, 재량행위인 경우 하자 없는 재량권을 행사해
야 할 의무가 발생할 뿐이어서 행정청이 반드시
원고의 신청대로 인용할 의무는 없다.

13 ④
④ 주택건설촉진법 제33조 제1항이 정하는 주택건설
사업계획의 승인은 이른바 수익적 행정처분으로서
행정청의 재량행위에 속하고, 따라서 그 전 단계
로서 같은 법 제32조의4 제1항이 정하는 주택건설
사업계획의 사전결정 역시 재량행위라고 할 것이

므로, 사전결정을 받으려고 하는 주택건설사업계
획이 관계 법령이 정하는 제한에 배치되는 경우는
물론이고, 그러한 제한사유가 없는 경우에도 공익
상 필요가 있으면 처분권자는 그 사전결정 신청에
대하여 불허가결정을 할 수 있다(대판 1998. 4.
24. 선고 97누1501).
② 폐기물관리법령에 의한 <u>폐기물처리업 사업계획에
대한 적정통보와 국토이용관리법령에 의한 국토이
용계획변경은 각기 그 제도적 취지와 결정단계에
서 고려해야 할 사항들이 다르다는 이유로, 폐기
물처리업 사업계획에 대하여 적정통보를 한 것만
으로 그 사업부지 토지에 대한 국토이용계획변경
신청을 승인하여 주겠다는 취지의 공적인 견해표
명을 한 것으로 볼 수 없다</u>(대법원 2005.4.28.
2004두8828).

14 ②
② 수익적 행정처분에 있어서는 법령에 특별한 근거
규정이 없다고 하더라도 그 부관으로서 부담을 붙일
수 있고, 그와 같은 <u>부담은 행정청이 행정처분을 하면
서 일방적으로 부가할 수도 있지만 부담을 부가하기
이전에 상대방과 협의하여 부담의 내용을 협약의 형
식으로 미리 정한 다음 행정처분을 하면서 이를 부가
할 수도 있다</u>(대법원 2009. 2. 12. 선고 2005다
65500).

15 ③
① <u>행정심판의 재결은 피청구인인 행정청을 기속하는
효력을 가지므로</u> 재결청이 취소심판의 청구가 이
유 있다고 인정하여 처분청에 처분을 취소할 것을
명하면 처분청으로서는 재결의 취지에 따라 처분
을 취소하여야 하지만, 나아가 <u>재결에 판결에서와
같은 기판력이 인정되는 것은 아니어서 재결이 확
정된 경우에도 처분의 기초가 된 사실관계나 법률
적 판단이 확정되고 당사자들이나 법원이 이에 기
속되어 모순되는 주장이나 판단을 할 수 없게 되
는 것은 아니다</u>(대법원 2015. 11. 27. 2013다
6759).

② 행정처분의 취소를 구하는 항고소송에서 처분청은 당초 처분의 근거로 삼은 사유와 기본적 사실관계가 동일성이 있다고 인정되는 한도 내에서만 다른 사유를 추가 또는 변경할 수 있고, 이러한 기본적 사실관계의 동일성 유무는 처분사유를 법률적으로 평가하기 이전의 구체적 사실에 착안하여 그 기초인 사회적 사실관계가 기본적인 점에서 동일한지에 따라 결정되므로, 추가 또는 변경된 사유가 처분 당시에 이미 존재하고 있었다거나 당사자가 그 사실을 알고 있었다고 하여 당초의 처분사유와 동일성이 있다고 할 수 없다. 그리고 이러한 법리는 행정심판 단계에서도 그대로 적용된다(대법원 2014.5.16, 2013두26118).

④ 행정심판법 제14조(법인이 아닌 사단 또는 재단의 청구인 능력) ··· 법인이 아닌 사단 또는 재단으로서 대표자나 관리인이 정하여져 있는 경우에는 그 사단이나 재단의 이름으로 심판청구를 할 수 있다.

16 ①

② 행정조사기본법 제5조(행정조사의 근거) ··· 행정기관은 법령등에서 행정조사를 규정하고 있는 경우에 한하여 행정조사를 실시할 수 있다. 다만, 조사대상자의 자발적인 협조를 얻어 실시하는 행정조사의 경우에는 그러하지 아니하다.

③ 동법 제8조(조사대상의 선정) 제3항 ··· 행정기관의 장이 제2항에 따라 열람신청을 받은 때에는 다음 각 호의 어느 하나에 해당하는 경우를 제외하고 신청인이 조사대상 선정기준을 열람할 수 있도록 하여야 한다.
1. 행정기관이 당해 행정조사업무를 수행할 수 없을 정도로 조사활동에 지장을 초래하는 경우
2. 내부고발자 등 제3자에 대한 보호가 필요한 경우

④ 동법 제15조(중복조사의 제한) 제1항 ··· 제7조에 따라 정기조사 또는 수시조사를 실시한 행정기관의 장은 동일한 사안에 대하여 동일한 조사대상자를 재조사 하여서는 아니 된다. 다만, 당해 행정기관이 이미 조사를 받은 조사대상자에 대하여 위법행위가 의심되는 새로운 증거를 확보한 경우에는 그러하지 아니하다.

17 ④

④ 선행처분과 후행처분이 서로 독립하여 별개의 법률효과를 목적으로 하는 때에도 선행처분이 당연무효이면 선행처분의 하자를 이유로 후행처분의 효력을 다툴 수 있다. 도시계획시설사업의 시행자가 작성한 실시계획을 인가하는 처분은 도시계획시설사업 시행자에게 도시계획시설사업의 공사를 허가하고 수용권을 부여하는 처분으로서 선행처분인 도시계획시설사업 시행자 지정 처분이 처분 요건을 충족하지 못하여 당연무효인 경우에는 사업시행자 지정 처분이 유효함을 전제로 이루어진 후행처분인 실시계획 인가처분도 무효라고 보아야 한다(대법원 2017. 7. 11. 선고 2016두35120 판결).

18 ③

③ 행정심판법 제57조(서류의 송달) ··· 이 법에 따른 서류의 송달에 관하여는 「민사소송법」 중 송달에 관한 규정을 준용한다.

① 행정심판법 제3조(행정심판의 대상) 제2항 ··· 대통령의 처분 또는 부작위에 대하여는 다른 법률에서 행정심판을 청구할 수 있도록 정한 경우 외에는 행정심판을 청구할 수 없다.

② 행정심판법 제5조(행정심판의 종류) ··· 행정심판의 종류는 다음 각 호와 같다.
1. 취소심판 : 행정청의 위법 또는 부당한 처분을 취소하거나 변경하는 행정심판
2. 무효등확인심판 : 행정청의 처분의 효력 유무 또는 존재 여부를 확인하는 행정심판
3. 의무이행심판 : 당사자의 신청에 대한 행정청의 위법 또는 부당한 거부처분이나 부작위에 대하여 일정한 처분을 하도록 하는 행정심판

④ 행정심판법 제18조의2(국선대리인) 제1항 ··· 청구인이 경제적 능력으로 인해 대리인을 선임할 수 없는 경우에는 위원회에 국선대리인을 선임하여 줄 것을 신청할 수 있다.

19 ④

④ 개발제한구역 안에서의 공장설립을 승인한 처분이 위법하다는 이유로 쟁송취소되었다고 하더라도 그 승인처분에 기초한 공장건축허가처분이 잔존하는 이상, 공장설립승인처분이 취소되었다는 사정만으로 인근 주민들의 환경상 이익이 침해되는 상태나 침해될 위험이 종료되었다거나 이를 시정할 수 있는 단계가 지나버렸다고 단정할 수는 없고, 인근 주민들은 여전히 공장건축허가처분의 취소를 구할 법률상 이익이 있다고 보아야 한다. (대법원 2018. 7. 12. 2015두3485)

① 항고소송은 다른 법률에 특별한 규정이 없는 한 원칙적으로 소송의 대상인 행정처분을 외부적으로 행한 행정청을 피고로 하여야 하고(행정소송법 제13조 제1항 본문), 다만 대리기관이 대리관계를 표시하고 피대리 행정청을 대리하여 행정처분을 한 때에는 피대리 행정청이 피고로 되어야 한다(대법원 2018. 10. 25. 선고 2018두43095).

② • 국가공무원법 제16조(행정소송과의 관계) 제1항 … 제75조에 따른 처분, 그 밖에 본인의 의사에 반한 불리한 처분이나 부작위(不作爲)에 관한 행정소송은 소청심사위원회의 심사·결정을 거치지 아니하면 제기할 수 없다.

• 동법조 제2항 … 제1항에 따른 행정소송을 제기할 때에는 대통령의 처분 또는 부작위의 경우에는 소속 장관(대통령령으로 정하는 기관의 장을 포함한다. 이하 같다)을, 중앙선거관리위원회위원장의 처분 또는 부작위의 경우에는 중앙선거관리위원회사무총장을 각각 피고로 한다.

③ 원고는 자신이 제조·공급하는 이 사건 약제에 대하여 국민건강보험법령 등 약제상한금액 고시의 근거 법령에 의하여 보호되는 직접적이고 구체적인 이익을 향유한다고 할 것이고, 원고는 이 사건 고시로 인하여 이 사건 약제의 상한금액이 인하됨에 따라 위와 같이 근거 법령에 의하여 보호되는 법률상 이익을 침해당하였다고 할 것이므로, 이 사건 고시 중 이 사건 약제의 상한금액 인하 부분에 대하여 그 취소를 구할 원고적격이 있다고 할 것이다(대법원 2006.12.21. 2005두16161).

20 ④

㉠ [민사소송] 예산회계법 또는 지방재정법에 따라 지방자치단체가 당사자가 되어 체결하는 계약은 사법상의 계약일 뿐, 공권력을 행사하는 것이거나 공권력 작용과 일체성을 가진 것은 아니라고 할 것이므로 이에 관한 분쟁은 행정소송의 대상이 될 수 없다(대법원 1996. 12. 20. 선고 96누14708).

㉡ [행정소송] 국유재산의 무단점유자에 대한 변상금 부과는 공권력을 가진 우월적 지위에서 행하는 행정처분이고, 그 부과처분에 의한 변상금 징수권은 공법상의 권리인 반면, 민사상 부당이득반환청구권은 국유재산의 소유자로서 가지는 사법상의 채권이다(대법원 2014. 7. 16. 선고 2011다76402).

㉢ [행정소송] 서울특별시립무용단원이 가지는 지위가 공무원과 유사한 것이라면, 서울특별시립무용단 단원의 위촉은 공법상의 계약이라고 할 것이고, 따라서 그 단원의 해촉에 대하여는 공법상의 당사자소송으로 그 무효확인을 청구할 수 있다(대법원 1995. 12. 22. 선고 95누4636).

㉣ [행정소송] 행정재산의 사용·수익에 대한 허가 신청을 거부한 행위가 항고소송의 대상인 행정처분인지 여부에서 행정재산의 사용·수익허가처분의 성질에 비추어 국민에게는 행정재산의 사용·수익허가를 신청할 법규상 또는 조리상의 권리가 있다고 할 것이므로 공유재산의 관리청이 행정재산의 사용·수익에 대한 허가 신청을 거부한 행위 역시 행정처분에 해당한다(대법원 1998. 2. 27. 선고 97누1105).

21 ④

④ 폐기물관리법 관계 법령의 규정에 의하면 폐기물처리업의 허가를 받기 위하여는 먼저 사업계획서를 제출하여 허가권자로부터 사업계획에 대한 적정통보를 받아야 하고, 그 적정통보를 받은 자만이 일정기간 내에 시설, 장비, 기술능력, 자본금을 갖추어 허가신청을 할 수 있으므로, 결국 부적정통보는 허가신청 자체를 제한하는 등 개인의 권리 내지 법률상의 이익을 개별적이고 구체적으로 규제하고 있어 행정처분에 해당한다(대판 1998. 4. 2, 97누21086).

① 행정대집행법상 2차, 3차 계고처분은 대집행기한의 연기 통지에 불과하기 때문에 행정처분에 해당한다고 할 수 없다.

② 한국마사회의 기수에 대한 징계는 일반 법률관계에서 이루어지는 단체 내부에서의 징계 또는 제재처분이므로 행정처분에 해당한다고 할 수 없다.

③ 어업권면허에 선행하는 우선순위결정은 행정처분이 아닌 강학상 확약에 해당한다.

22 ④

④ 경찰공무원임용령 제46조 제1항은 경찰공무원의 채용시험 또는 경찰간부후보생 공개경쟁선발시험에서 부정행위를 한 응시자에 대하여는 당해 시험을 정지 또는 무효로 하고, 그로부터 5년간 이 영에 의한 시험에 응시할 수 없도록 규정하고 있는바, 경찰공무원임용령 제46조 제1항의 수권형식과 내용에 비추어 이는 행정청 내부의 사무처리기준을 규정한 재량준칙이 아니라 <u>일반 국민이나 법원을 구속하는 법규명령에 해당하고 따라서 위 규정에 의한 처분은 재량행위가 아닌 기속행위라 할 것이다</u>(대법원 2008.5.29, 2007두18321).

23 ③

③ 영미법계 국가에서는 일찍부터 행정상 법률관계도 사인 간의 법률관계와 마찬가지로 사법(司法)의 적용을 받는다고 하여 행정법이 성립할 여지가 없었다. 그러나 19세기 말 자본주의의 발전과 함께 사회문제가 빈번하게 발생하자 국가 개입의 필요성이 대두되었고 이 과정에서 법의 공법화가 진행되었다. 이러한 이유로 영미법계 국가에서는 <u>행정법이 보통법의 특별법적인 성격을 갖고</u>, 행정기관의 결정에 대한 재판권도 원칙적으로 통상의 사법재판소가 갖는다.

② 프랑스는 구 제도하에서 사법법원이 행정개혁에 방해가 되었기 때문에 프랑스대혁명 후에는 행정에 대한 사법법원의 간섭을 막기 위하여 행정사건을 사법법원의 관할에서 배제하였다. 그 결과, 행정사건을 담당하기 위해 행정법원이 출범하게 되었다.

24 ①

① 서울특별시가 정한 개인택시운송사업면허지침은 재량권 행사의 기준으로 설정된 행정청의 내부의 사무처리준칙(행정규칙)에 불과하므로, 대외적으로 국민을 기속하는 법규명령의 경우와는 달리 외부에 고지되어야만 효력이 발생하는 것은 아니다(대판 1997. 1. 21, 95누12941).

25 ③

③ 귀화허가는 외국인에게 대한민국 국적을 부여함으로써 국민으로서의 법적 지위를 포괄적으로 설정하는 행위이고, 법무부장관은 귀화신청인이 법률이 정하는 귀화요건을 갖추었다고 하더라도 귀화를 허가할 것인지 여부에 관하여 재량권을 가진다(대판 2010. 7. 15, 2009두19069).

① 법령이 규정하는 산림훼손 금지 또는 제한지역에 해당하는 경우는 물론 금지 또는 제한지역에 해당하지 않더라도 허가관청은 산림훼손허가신청 대상 토지의 현상과 위치 및 주위의 상황 등을 고려하여 국토 및 자연의 유지와 상수원의 수질과 같은 환경의 보전 등 중대한 공익상 필요가 있다고 인정될 때에는 허가를 거부할 수 있고, 그 경우 법규에 명문의 근거가 없더라도 거부처분을 할 수 있다(대법원 1993.5.27, 93누4854).

② 재량행위 내지 자유재량행위에 대한 사법심사는 행정청의 재량에 기한 공익판단의 여지를 감안하여 법원은 독자의 결론을 도출함이 없이 당해 행위에 재량권의 일탈·남용이 있는지 여부만을 심사하게 되고, 이러한 재량권의 일탈·남용여부에 대한 심사는 사실오인, 비례·평등의 원칙 위배, 당해 행위의 목적 위반이나 동기의 부정유무 등을 그 판단 대상으로 한다(대법원 2001.2.9, 98두17593).

④ 행정소송법 제27조(재량처분의 취소)

1 ④

무의사결정 … 지배집단의 가치나 이익에 대한 잠재적 도전 가능성이 있는 정책문제가 의제화되기 이전에 정책 관련자들이 폭력 또는 편견을 동원해 무마시키는 것을 말한다.

④ 무의사결정은 기득권을 가진 개인 또는 지배집단이 그 사회의 지배적인 가치·이해에 대해 도전을 받게 될 우려가 있거나 어떤 이슈의 작용으로 자신들에게 불이익한 사태가 발생할 것을 방지하기 위하여 행해진다. 따라서 가치의 재배분을 추구하는 사람들에게 불리하게 작용한다.

2 ①

① 배분정책은 국민에게 권리나 금전적 이익 등을 배분하는 것을 주된 내용으로 하는 정책이다.

② 규제 정책은 개인이나 일부 집단에 대해 재산권 행사나 행동의 자유를 구속, 억제하여 반사적으로 다른 사람들을 보호하려는 정책이다.

③ 재분배 정책은 고소득층으로부터 저소득층으로의 부의 재분배를 목적으로 하는 정책이다.

④ 구성 정책은 정부의 새로운 기구나 조직을 설립하거나, 공직자 보수, 연금정책 등 정치체제의 구조 및 운영에 관련된 정책이다.

3 ④

④ 효과적인 업무수행을 위한 관리성은 경영과 행정 모두에서 강조된다.

4 ④

④ 목표대치 현상은 수단에 지나치게 집착함으로써 목표를 소홀히 여기는 관료제의 부정적인 병리현상 중 하나이다.

5 ④

성과지표란 개인 또는 조직의 성과를 측정하는 데 사용되는 척도로 이 문제에서 성과지표는 교육이수를 통해 최종적으로 취업한 사람의 수를 나타낸다.

① 투입지표, ②③ 산출지표

6 ③

③ 신공공서비스론은 시장주의에 반발하고 공동체적 가치를 중시하므로 수입확보의 활성화를 강조하지 않는다. 수입확보를 강조하는 것은 신공공관리론이다.

7 ④

㉠ 정책대안의 효과가 실제로 발생하였는데 없다고 판단하여 옳은 대안을 선택하지 않은 경우 – 제2종 오류

㉡ 문제 자체를 잘못 정의한 경우 – 제3종 오류(메타 오류, 근본 오류)

㉢ 정책대안의 효과가 실제 발생하지 않았는데 있다고 판단하여 잘못된 대안을 선택한 경우 – 제1종 오류

8 ②

수입규제, 진입규제 등 각종 협의의 경제규제는 고객정치에 해당한다.

※ **윌슨의 규제정치모형**

구분		감지된 편익	
		넓게 분산	좁게 집중
감지된 비용	넓게 분산	대중정치	고객정치
	좁게 집중	기업가정치	이익집단정치

① 각종 위생 및 안전 규제는 비용은 소수의 동질적 집단에 집중되어 있으나 편익은 대다수에 넓게 확산되어 있는 경우이므로 기업가정치에 해당한다.

③ 낙태규제는 감지된 비용과 편익이 쌍방 모두 불특정 다수에 미치는 것으로 대중정치에 해당한다.

④ 농산물에 대한 최저가격 규제는 소수의 집단에게 편익이 귀속되며 비용은 불특정 다수인에게 부담되는 것이므로 고객정치에 해당한다.

9 ②

ⓒ 중앙정부의 공공재 공급을 설명하는 이론이다.

ⓒ 중앙집권 논리에 해당한다.

※ Tibout 가설

소규모 구역에 의한 지방자치를 옹호하는 이론이다. 여러 지방정부가 존재하므로 선호에 따라 지방 간 이동이 가능하다. 이를 통해 지방공공재 공급의 적정 규모가 결정될 수 있다고 설명한다.

※ Samuelson의 공공재 공급 이론

공공재 공급은 정치적 과정으로밖에 공급될 수 없다는 이론으로 중앙정부의 역할을 중요시한다.

10 ③

③ 지방자치단체는 법률로 정하는 바에 따라 지방세를 부과·징수할 수 있다(지방자치법 제135조).

11 ④

④ 합의와 관련하여 이슈네트워크는 어느 정도의 합의는 있으나 항상 갈등이 있고, 정책커뮤니티는 모든 참여자가 기본적인 가치관을 공유하며 성과의 정통성을 수용한다.

※ 이슈네트워크와 정책공동체(정책커뮤니티)의 비교

구분	이슈네트워크	정책공동체
참여자	광범위한 다수, 개방적	관료, 전문가 등의 제한적 참여
자원 소유 정도	일부 참여자만 자원 소유	참여자 간 동등하게 자원 소유
참여자간 관계	경쟁적, 갈등적. 제로섬게임	의존적, 협력적, 정합게임
가치·목표	공유감 약함	공유감 높음
접촉빈도	유동적	높음
정책산출 예측가능성	곤란	가능

12 ④

④ 엄격한 명령계통에 따라 상명하복의 관계 유지를 위해서는 통솔범위를 좁게 설정한다.

13 ②

②는 보고의 원칙으로 현대적 예산의 원칙이다.

① 사전의결의 원칙, ③ 공개성의 원칙, ④ 명확성의 원칙은 모두 전통적 예산의 원칙이다.

※ 전통적 예산원칙과 현대적 예산원칙

전통적 예산원칙 (입법부 우위, Neumark)	현대적 예산원칙 (H.Smith)
• 공개성 • 명확성(명료성) • 사전 의결(사전 승인) • 정확성(엄밀성) • 한정성(한계성) • 통일성(국고통일, 목적구속 금지, 직접 사용 금지) • 단일성 • 완전성(포괄성, 총계주의 예산, 총계예산)	• 행정부 계획의 원칙 • 행정부 재량의 원칙(총괄 예산제도의 도입과 관련) • 행정부 책임의 원칙 • 보고의 원칙 • 예산수단 구비의 원칙 • 다원적 절차의 원칙 • 시기의 신축성의 원칙(계속비, 이월 등) • 예산기구 상호성의 원칙

14 ④

① 강등은 1계급 아래로 직급을 내리고 공무원 신분은 보유하나 3개월간 직무에 종사하지 못하며 그 기간 중 보수는 전액을 감한다.

② 정직은 1개월 이상 3개월 이하의 기간으로 하고, 정직 처분을 받은 자는 그 기간 중 공무원의 신분은 보유하나 직무에 종사하지 못하며 보수는 전액을 감한다.

③ 감봉은 1개월 이상 3개월 이하의 기간 동안 보수의 3분의 1을 감한다.

15 ①

지방분권 및 지방행정체제 개편을 추진하기 위하여 대통령 소속으로 자치분권위원회를 둔다〈지방자치분권 및 지방행정체제 개편에 관한 특별법 제44조(자치분권위원회의 설치)〉.

16 ③

③ 교차기능조직은 행정체제 전반에 걸쳐 관리작용을 분담하여 수행하는 참모적 조직단위들로서, 교차기능조직은 계선기관의 의사결정에 동의 및 협의함으로써 사전적 통제역할을 수행하는 내부통제기구이다.

17 ①

① 시민에 대한 봉사지향적 정부는 신공공서비스(NPS)의 원리에 해당한다.

※ 오스본(D. Osborne)과 게블러(T. Gaebler)의 바람직한 정부 운영의 10대 원리

　㉠ 촉진적 정부 : 정부의 역할로서 직접 노젓기보다 방향 설정을 중시하는 정부

　㉡ 시민소유 정부 : 지역사회에 권한 부여와 주민참여를 중시하는 정부

　㉢ 경쟁적 정부 : 보다 능률적·창의적인 경쟁력을 갖춘 정부

　㉣ 사명지향적 정부 : 규칙·규정 위주의 정부가 아니라 실질적인 사명을 중시하는 임무위주의 정부

　㉤ 성과지향적 정부 : 투입보다 결과에 중점을 두는 정부

　㉥ 고객위주의 정부 : 관료의 편의가 아니라 고객의 요구에 충실한 정부

　㉦ 기업가적 정부 : 지출보다 수익을 높이는 기업적인 정부

　㉧ 미래대비적 정부 : 사후조치보다 사전예방을 강구할 수 있는 대비적 정부

　㉨ 분권적 정부 : 계층제 위주가 아닌 참여와 팀워크 중심의 분권적 정부

　㉩ 시장지향적 정부 : 시장원리에 따라 행정서비스의 수요·공급을 행할 수 있는 정부

18 ④

규제영향분석이란 규제로 인하여 국민의 일상생활과 사회·경제·행정 등에 미치는 여러 가지 영향을 객관적이고 과학적인 방법을 사용하여 미리 예측·분석함으로써 규제의 타당성을 판단하는 기준을 제시하는 것이다.

④ 규제의 비용과 편익의 균형에 주안점을 둔다.

19 ①

① 프렌치와 레이븐은 권력의 원천에 따라 권력유형을 합법적 권력, 보상적 권력, 강압적 권력, 전문적 권력, 준거적 권력으로 구분하였다.

※ 프렌치와 레이븐의 권력유형 분류

　㉠ 보상적 권력 : 권력자가 다른 사람에게 그(녀)가 원하는 보상을 해 줄 수 있는 자원과 능력을 갖고 있을 때 발생한다.

　㉡ 강압적 권력 : 보상적 권력과는 반대로 처벌이나 위협을 전제로 한다.

　㉢ 합법적 권력 : 권력행사에 대한 정당한 권리를 전제로 한다. 따라서 합법적 권력은 권한과 유사한 개념으로 볼 수 있다.

　㉣ 준거적 권력 : 대부분의 사람들은 자신보다 뛰어나다고 인식되는 사람을 존경하고 닮고자 하는데 이때 준거적 권력이 발생한다. 기업 내에서 준거적 권력을 갖고 있는 상급자는 하급자로부터 절대적인 존경을 받게 된다.

　㉤ 전문적 권력 : 전문적인 기술이나 지식 또는 독점적 정보에 그 바탕을 둔다. 특수한 분야에 있어서 탁월한 능력이나 정보를 갖고 있는 사람은 전문적 권력을 갖게 된다.

20 ③

　㉠ 역량이란 직무에서 탁월한 성과를 나타내는 우수 성과자에게서 일관되게 관찰되는 행동적 특성이다.

　㉣ 고위공무원단 후보자가 되기 위해서는 후보자 교육과정을 이수한 후, 역량평가를 통과해야 한다.

21 ③

③ 능률성(투입 대비 산출 비율)은 수단적·과정적 측면에 중점을 두는 반면에 효과성(목표 대비 산출 비율)은 목표의 달성도를 중시한다.

22 ①

② 계획예산(PPBS)에 대한 설명이다.

③ 성과주의예산(PBS)에 대한 설명이다.

④ 품목별 예산제도는 통제지향적 예산제도로 구성원의 참여를 촉진하는 MBO와는 성격이 다르다.

23 ①

① 준실험설계보다 진실험설계를 사용할 때 내적 타당성의 저해요인이 감소되어 내적 타당도가 높아진다.

※ 정책실험

구분	내적 타당도	외적 타당도	실현 가능성
진실험	높다	낮다	낮다
준실험	낮다	높다	높다
비실험	가장 낮다	가장 높다	가장 높다

24 ④

① 자치권의 인식에서 주민자치는 고유권으로, 단체자치는 전래권으로 본다.

② 주민자치는 민주주의 이념을, 단체자치는 지방분권의 이념을 강조한다.

③ 주민자치는 의결기관과 집행기관이 통합된 기관통합형을, 단체자치는 의결기관과 집행기관이 분리 대립된 기관대립형을 채택한다.

※ 주민자치와 단체자치의 비교

구분	주민자치	단체자치
발달한 국가	영국, 미국, 캐나다 등	독일, 프랑스, 일본, 한국
근거학설	지방권설 · 고유권설	국권설 · 수탁설
자치권인정 주체	주민	국가(중앙정부)
추구 이념	민주주의	지방분권
자치의 의미	정치적 의미	법률적 의미
주민참여의 정도	높음	낮음
중앙통제의 정도	약함	강함
중앙-지방정부 관계	기능적 협력관계	권력적 감독관계
자치권 배분양식	개별적 수권방식	포괄적 수권방식
재원확보	자주재원 > 의존재원	자주재원 < 의존재원
지방세 제도	독립세 중심	부가세 채택
주시하는 관계	주민-자치단체 관계	자치단체-국가 관계

25 ③

보수적 결정(conservative decision) … 미래에 발생할 수 있는 상황이 최악의 상황이라는 가정 하에서 각 대안들을 최악의 조건으로 비교하여 최선의 대안을 선택하는 결정 방법이다.

서 원 각

www.goseowon.com